# 档案管理信息化建设理论与实践探索

周彩霞　曹慧莲　著

北京工业大学出版社

**图书在版编目（CIP）数据**

档案管理信息化建设理论与实践探索 ／ 周彩霞，曹
慧莲著．— 北京：北京工业大学出版社，2021.9（2022.10重印）
　ISBN 978-7-5639-8136-6

Ⅰ．①档… Ⅱ．①周… ②曹… Ⅲ．①档案管理－信
息化－研究 Ⅳ．① G270.7

中国版本图书馆 CIP 数据核字（2021）第 201374 号

## 档案管理信息化建设理论与实践探索
DANGAN GUANLI XINXIHUA JIANSHE LILUN YU SHIJIAN TANSUO

**著　　者：** 周彩霞　曹慧莲
**责任编辑：** 李倩倩
**封面设计：** 知更壹点
**出版发行：** 北京工业大学出版社
　　　　　　（北京市朝阳区平乐园 100 号　邮编：100124）
　　　　　　010-67391722（传真）　bgdcbs@sina.com
**经销单位：** 全国各地新华书店
**承印单位：** 三河市元兴印务有限公司
**开　　本：** 710 毫米 ×1000 毫米　1/16
**印　　张：** 10.25
**字　　数：** 205 千字
**版　　次：** 2021 年 9 月第 1 版
**印　　次：** 2022 年 10 月第 2 次印刷
**标准书号：** ISBN 978-7-5639-8136-6
**定　　价：** 60.00 元

作者简介

　　周彩霞，女，1982 年 4 月生，现就职于唐山市工人医院，馆员职称。毕业于河北联合大学（2015年更名为华北理工大学）卫生事业管理专业，研究方向为医院档案信息化管理。近年来主要从事医院档案管理工作，对档案的管理进行了深入的学习和研究，创新了医院档案的管理理念，利用档案信息化理论及实践在第三次经济普查中取得了较好的社会效益，并荣获"唐山市第三次经济普查先进个人"荣誉称号。多次在国家级期刊上发表论文，同时开展医联体模式下的医院档案同质化管理与信息化建设课题研究等，其中论文《医院档案管理的问题与现代化发展的策略》《闭环式管理模式在档案管理工作中的应用》在医院档案管理工作中产生了广泛影响。

　　曹慧莲，女，1971 年 12 月生，毕业于中央党校经济管理专业，本科学历。现就职于唐山市住房保障管理中心，研究方向为综合档案管理。曾发表文章《新时期如何提升保障性住房档案信息化建设》《城镇保障性住房档案管理存在的问题及对策探讨》《建筑信息模型（BIM）技术在 EPC 管理模式下的应用与研究——以唐山市重点建筑项目建设为例》。

# 前　言

　　档案记录着人们在各项社会活动中的重要信息，是非常重要的信息资源。长期以来的档案信息主要记录在纸质材料上，但纸质材料不易保存，存在很大的损毁风险，且查询不便，利用起来效果不佳。随着科技与信息技术的飞速发展，信息资源已经实现了数字化存储，尤其在信息化时代，档案由纸质信息转化为数字信息已成为档案管理的重要工作内容。相较于纸质存储信息，数字化信息无论在查询读取上还是在保存上都有着不可比拟的优势，因此，实现档案信息化是档案管理的必由之路。加快档案信息化建设是我国信息化建设的重要内容之一，也是加强档案规范管理工作、实现档案管理科学化、实现档案信息社会化服务的要求。为此各部门应加大档案信息化建设的资金投入，完善档案信息化建设的基础设备，加快建立档案数据库和数字档案室的步伐。本书从档案管理信息化建设的角度出发，通过了解档案信息化建设的基础工作，深入分析了目前档案信息化建设的状况，提出了一些建议。

　　本书第一章为现代档案管理概述，主要从档案相关的概念、档案管理的要点两方面进行论述。第二章为档案管理信息化建设概论，主要从信息技术概述、信息化与档案管理理论探究两方面进行论述。第三章为档案管理与信息化建设的结合，主要从档案信息化管理的技术应用、档案信息化管理的体系建设、档案信息化管理案例三方面进行论述。第四章为新媒体与档案信息服务，主要从信息化时代下新媒体的发展、新媒体与档案信息服务的结合路径两方面进行论述。第五章为对于现代档案管理创新的思考，主要从新时期档案管理的发展问题和需求、基于需求的档案信息化路径两方面进行论述。

　　本书共五章，合计 20 万字，由唐山市工人医院周彩霞、唐山市住房保障管理中心曹慧莲共同执笔。具体分工如下：第一作者周彩霞负责第二章档案管理信息化建设概论、第三章档案管理与信息化建设的结合的撰写，总计 12 万字；第二作者曹慧莲负责第一章现代档案管理概述、第四章新媒体与档案信息服务、第五章对于现代档案管理创新的思考的撰写，总计 8 万字。

在撰写本书的过程中，笔者得到了许多专家、学者的帮助和指导。本书内容系统全面，论述条理清晰、深入浅出，但由于笔者水平有限，书中难免存在不足之处，希望广大同行批评指正。

# 目　　录

# 第一章　现代档案管理概述

本章为现代档案管理概述，主要对档案相关的概念、档案管理的要点进行了研究，以期读者可以从更为全面的角度来对档案管理进行认识，从而理解档案管理信息化建设的内容。

## 第一节　档案相关的概念

### 一、档案的界定

档案是对各组织或者机构等相关主体的工作与各项活动的真实记载，同时也是人员与管理活动中必不可少的宝贵财富。档案是对各组织结构的工作面貌与具体概况的准确反映，在各个组织、机构等主体中起着不可替代的作用，有利于人们以此为依据总结工作经验，探索相关的规律，进而更好地投入工作或者其他活动中。另外，档案是历史发展的重要体现，可以通过文字或其他形式将过去的实践活动带到现在或未来，维系相关组织主体的时空统一性与整体连续性。同时，档案对一些人员的合法权益也起到重要的维护作用。档案管理作为管理工作的重要组成部分之一，对各项活动的顺利开展有着重要的影响作用。

考察档案的起源、演变发展及其历史条件，对我们用辩证唯物主义和历史唯物主义的方法论认识和研究档案、科学地管理档案、了解相关的文明史具有重要的意义。

要科学地管理档案，就必须掌握档案的属性，把握档案的本质特征。从上述对档案的定义，我们可以从以下几方面来理解档案的含义。

### （一）档案的属性

#### 1.社会性

档案的社会性即档案的社会实践性，是档案主体在社会实践活动中形成的，

1

对档案主体实践活动的内容、过程及结果的原始记录，并非自然界的原始产物。档案的社会性是相关人员的实践活动的记录。档案包括科研档案、人事档案、行政管理档案、财务档案等，还有一些其他档案，这些档案都是工作者及其经验等的真实记录。

### 2. 确定性

档案的确定性即档案内容的清晰性、确定性和档案载体的固化性、恒定性。也就是说，档案所记录的内容都是真实发生过的，而这些内容又是以固化的物质载体形式存在的。

### 3. 原始记录性

档案的原始记录性即档案的本质特征，是档案区别于其他事物的本质特性。档案文件上记录的实践活动是真实的历史标记，如当时实践活动主体的手迹或签名，当时实践活动的影像资料或者图片、录音等。这些资料都反映了当时的实践活动，故称之为档案。

## （二）档案的作用

### 1. 档案是管理的重要组成部分

档案是在档案主体各项工作中直接形成的具有保存价值的材料，它是管理过程、人才培养的真实记录。档案是管理工作的基础和依据，同时也是衡量管理质量、管理水平的一个重要指标。一个组织的运行、发展，必须有大量充分、可靠的材料，继承和借鉴前人的思想和经验，传承文化。可见档案是管理的重要组成部分，在主体发展、人才培养方面发挥了重要作用。

### 2. 促进社会效益和经济效益提高

档案产生于活动，真实地记录了活动的全过程，反映了一定的发展历程，如高校科研档案是高校科研活动的真实记录，在促进教学、科研、经济等工作方面发挥了不可替代的作用。档案管理可保证档案信息资源得到充分开发和有效利用，最大限度地发挥档案的服务作用，使社会效益和经济效益最大化。

## （三）档案的特点

### 1. 形成材料多样

档案的材料是多样的。文字方面的材料有实践主体的手迹或者签名等；数字方面的材料有录音、图片、录像等，以数据形式存储于硬盘、光盘等载体。

### 2.文件来源分散

档案的形成源于相关主体的实践活动。由于主体的多样化，不同主体从事不同的实践活动所形成的具有保存价值的资料都是档案的组成部分，因此档案的来源有明显的分散性。

### 3.内容丰富

相关主体的实践活动丰富多彩，不仅包括相关人员的静态档案信息，还包括人员在活动过程中所形成的各种动态档案。因此，档案的内容是丰富多彩的。

## 二、档案管理

### （一）档案管理的主要内容

档案管理工作，即机关、组织与个人等按照科学管理方法与原则对档案进行规范管理，为社会实践服务。这一工作涉及的资料是非常多的，有内部的一些材料，如人员材料及管理材料等，档案管理工作人员对于相关的资料进行搜集、整理与归档。可以说，档案管理工作是各组织结构管理中的基础工作，在它们的发展进程中发挥着重要作用。

档案管理工作的主要内容有八个方面，即档案收集、档案整理、档案保管、档案价值鉴定、档案统计、档案编研、档案检索与档案利用等。

①档案收集。档案收集，即将有收藏意义与价值的档案集中存放于指定位置，方便档案利用者查找与检索。

②档案整理。档案整理的意义在于规范档案管理秩序，保证档案管理工作的有序进行，为后序工作奠定良好的基础。

③档案保管。档案保管的目的在于使档案实体井然有序，通过对档案的日常管理，在保证档案有序存放的同时，避免档案实体受到损害。

④档案价值鉴定。档案价值鉴定，即鉴定档案原始价值与有用价值，有存档价值的留存，无存档价值的销毁。可以说，档案价值鉴定是难度相对较大的工作，最具决定性意义，对档案的存毁起着最直接的决定性作用。

⑤档案统计。档案统计就是随时记录档案管理工作中涉及的所有数据，并实施量化统计，以登记数据为依据对其状态进行全面分析，为后续管理工作提供可靠的参考依据，保证工作决策的规范性与科学性。

⑥档案编研。档案编研，即对档案馆内的档案信息进行全面研究与编辑，并按照信息公开原则将其向社会各界公开，保证档案信息的充分利用，使其社会价

值得以彰显，提高档案在社会各界的影响力，进而引发社会各领域对档案管理工作的重视。

⑦档案检索。档案检索就是对档案材料进行组织加工，并根据相关内容编制检索目录，从而为档案利用者提供检索便利。档案检索工作的实施促进了档案信息利用工作的顺利开展。

⑧档案利用。档案利用主要是将档案资料信息提供给档案使用者，在为社会提供档案利用服务的同时，对档案管理工作水平与质量也进行了检验。

## （二）档案管理的基本原则

就档案管理工作原则而言，主要包括以下三个方面：一是维护档案的完整性与安全性；二是统一领导与分级集中；三是为社会档案利用提供便利。

### 1. 维护档案的完整性与安全性

对于档案管理工作而言，保护档案的完整性、维护其安全性是最基本的要求。从某种角度来讲，档案的安全与完整不仅是档案保管工作的基本任务，而且是其他档案工作的一大任务。在我国，维护档案的完整性与安全性是档案管理者的光荣任务，也是国家机关、政党、单位、组织及个人的重要义务。

①保护档案的完整性。档案完整性不仅指档案数量上的完整，还要求从质量上保障档案的完整性与系统性，维护档案信息与信息之间的有机联系，建立起完整的档案体系。

②维护档案的安全性。档案的安全性同样包括两个方面：一方面，从物理方面维护档案实体的安全，避免档案实体受到损坏；另一方面，要维护档案信息及内容的安全，加强安全措施防护，避免信息泄露事件的发生。

### 2. 统一领导与分级集中

在我国的档案管理工作实践中，统一领导与分级集中作为最重要的组织原则之一，也是档案管理工作体制，其主要包含以下内容。

①档案工作主要由国家档案行政管理机关按照统一、分层的基本原则实施监督与管理。其中，国家行政管理机关对全国档案工作进行统筹规划，担负主管任务，制定档案政策法规，对全国档案工作实施检查与监督工作。而地区档案行政管理机关则主要负责对本区域内的档案管理工作，以国家制定的档案政策法规为依据，与本区域内档案实际管理情况相结合，对本区域内档案工作实施监督与管理。

②按照统一原则对党、政档案及党、政档案工作进行科学管理。《关于统一

管理党、政档案工作的通知》发布后，我国开始实施党、政档案的统一管理与统筹，对于同一机关的共产党、共青团组织档案均按照统一原则由一个档案机构实施管理，而对于有长期留存需要的党、政档案则由各级档案馆实施集中管理。

③统一领导，统一管理。党中央针对档案工作的统一领导与统一管理多次进行了明文规定，并在中央与地方区域内设立各级档案行政管理机构，所有单位、团体、组织及个人必须依照《中华人民共和国档案法》及相关政策法规办事。

### 3. 为社会档案利用提供便利

档案管理工作的主要目的在于提升档案信息的利用效率，使档案信息的利用价值在社会各个领域得以充分体现。从一定程度上讲，对于档案管理工作质量的评估，是可以以档案材料的利用便利程度为参考标准的，同时，为社会档案利用提供便利这一原则是贯穿于整个档案管理工作的。因此，在档案管理工作实践中，必须牢记这一工作原则，坚持从长远利用的角度来加强对档案资料的管理与利用。

## 三、档案管理模式

### （一）集中管理模式

在档案管理工作中，采用集中管理模式，即通过档案馆（或综合档案室）对各类档案资源进行统一管理。

就机构设置而言，集中管理模式的运用一般会选择独立型档案管理机构，其与任何部门均无依附关系，且直接由某一个组织来进行管理。这类管理模式主要适用于规模大且管理参与度较高的组织。

就人员配备而言，集中管理模式的运用需要配备专门的档案管理专业团队，负责所有档案资源的收集、管理与利用工作。通常情况下，档案工作人员是专职管理者，所以这就对管理者的专业素质提出了较高要求。在人员选择中，主要选择业务技能好、职业素养高的专业人才。

就规章制度而言，应该以《中华人民共和国档案法》为主要参考依据，通过对档案管理工作情况的全面研究与分析，建立规范健全的档案管理制度，突出管理制度的针对性，保证其与档案管理情况相适应，有利于档案管理工作的顺利进行。

### 1. 实施集中管理模式的优势

在档案管理工作中实施集中管理模式的优势有以下四点。

①降低管理成本，提升管理效率。在集中管理模式下，档案日常管理工作由专职人员来负责，且有专门的库房负责档案资料的接收，管理效率得以提升，管理成本得以有效降低，且能进一步提升资源的利用率。

②为档案专职人员的培训工作提供了较大便利。在集中管理模式下，档案管理人员除了完成职责以内的工作外，还需参与到业务培训中，提升专业管理水平，进而保证管理质量。

③有利于对档案资源的充分开发与利用。在集中管理模式下，专职人员负责对档案资源进行管理，档案机构得以对档案价值进行充分挖掘，尤其是对多领域共同研究的档案资源、热门话题档案资源的价值进行集中开发，还可将其视作自身的特色优势，提升自身的整体发展优势。

④有利于对档案资源实施安全保护。在档案集中管理模式下，专职人员对档案安全性的保护更加便利，同时还能保障档案的真实性与完整性。

2. 实施集中管理对档案管理质量与水平的要求

对档案资料实施集中管理受到多种因素的影响，如建设规模等，由此对档案管理质量与水平有着非常高的要求，具体如下。

①对软硬件设施建设方面的要求。在档案管理工作中，各部门所有的档案资源均需在集中管理模式下进行收集、整理与利用，随着档案资源的不断增加，档案管理机构为满足工作需求，必须增加人员、设备的数量，进而解决工作压力剧增、档案存储空间紧张的问题。

②对档案安全防护方面的要求。在档案的集中管理模式下，所有档案资料全部集聚，这就对档案信息的安全防护提出了更高的要求。为了避免档案信息泄露，必须加强应急预案管理，将因紧急情况导致的档案资源损失降到最低。

③对档案利用程序方面的要求。通过实施档案集中管理，各个部门的档案资料均由档案管理机构负责管理，各部门要想查阅、利用档案，必须首先获得档案管理机构的许可，这样一来档案利用程序变得更加烦琐。作为档案管理机构，必须采取有效措施，解决这一问题。

## （二）分散管理模式

在档案管理工作中，采用分散管理模式，即按照部门或其他类别对档案资料采取分别留存与管理的模式。也就是说，不同类别的档案由相关业务管理部门负责管理。例如，科研档案由科研管理处负责管理，人事档案由人事管理处负责管理。档案分散管理模式的突出特点是：档案管理机构隶属于多个下属部门，一般为档案的形成部门，与档案集中管理模式中的独立型管理机构相比，其在档案管理工作上的参与度相对较低，且许多领导并非是档案专业人才，对档案管理知识的了解欠全面，这就容易导致档案管理工作欠规范、管理水平不高等现象出现，对档案管理工作的健康运行产生不利影响。

就人员配备而言，档案分散管理模式所配备的档案人员多为兼职人员，他们同时负责多项工作，且多数未经过专业的档案管理业务培训，在业务水平与专业技能等方面均处于较低水平。

就规章制度而言，在档案分散管理模式下，档案资料的主要管理权属于档案形成部门，且在规章制度的制定上，一般与本部门业务特点相适应，为本部门的档案管理与利用提供了较大便利，但各部门之间在档案管理制度建设上难以形成统一制度，为后期档案信息的统计与利用工作造成诸多不便。

1. 应用分散管理模式的优势

在档案管理工作中应用分散管理模式的优势主要体现在以下三点。

①应用档案分散管理模式，能够根据各部门的类别做好档案分类与统计工作，每一类档案均由相关部门负责管理，为部门内部档案资源的整理与统计带来便利。

②应用档案分散管理模式，为各部门对档案的借阅与利用提供了较大便利。

③在档案分散管理模式下，档案形成部门不必将档案资料移交给档案管理机构，这就在很大程度上减少了档案在移交过程中的出错概率，同时还能有效缓解档案管理空间紧张的问题。

2. 应用分散管理模式的弊端

在档案分散管理模式的应用中，也存在诸多弊端，具体如下。

①在档案管理工作中应用分散管理模式，对管理部门提出了较高要求，不同的部门需要根据自身部门业务的特点配备相应的档案库房，并严格遵守库房要求，对档案资料进行妥善保管，这就导致管理成本明显增加，同时对档案资源的安全性带来一定的威胁。通常来讲，一般组织要想达到档案管理的专业标准并非易事。

②在分散管理模式下，档案资源分散于各个部门，使档案的完整性被破坏，导致档案资源的系统性难以保障。

③对于不同类型的档案来说，其保管期限是各不相同的。档案管理机构在日常管理中需要定期对档案资料进行检查，在分散管理模式下，档案管理机构要想对档案资料进行统一鉴定是非常困难的。

### （三）集中分散结合式

通过对上面两种分析模式的探究可知，档案集中管理模式与分散管理模式均有利弊，所以，相关的主体在档案管理工作中，可将两种模式进行结合，突出两者的优势，规避两者的弊端，也就是采取一种集中分散结合式档案管理模式。在此模式下，档案管理工作主要由档案管理机构负责把控，而在具体的管理实践中则由档案形成部门对档案日常管理负责。具体操作如下：对于各部门在运行中产生的档案资料，由档案形成部门负责归类、统计工作，统计好的档案按照目录形式与档案管理机构进行交接。对于超过一定年限的档案资料，档案形成部门必须将其移交给档案管理机构。运用档案集中分散结合式管理模式，在满足各部门档案利用需求、提升档案利用率的同时，保障了档案管理机构对所有档案资料的整体把控。

在档案管理工作中，采取集中分散结合式管理模式的目的在于为各部门在档案利用方面提供便利，充分发挥档案资源的利用价值。作为档案管理机构，必须从整体方面对档案资源进行把控，保障其完整性与系统性。而档案形成部门，则应以档案管理机构的相关规定为主要参考，在档案资料留存一定时间后，主动将其移交至档案管理机构，为档案管理机构的档案资源开发与利用提供帮助。

集中分散结合式档案管理模式的优点在于利用方便、管理方式灵活、综合管理与控制效果好。一方面，它为档案管理机构的集中管理与把控提供较大便利，便于对档案工作进行监督与管理；另一方面，为各部门在档案利用方面提供了便利，充分发挥了档案资源的利用价值。但这一模式对相关组织的综合管理水平提出了较高的要求，尤其是档案管理机构必须具备良好的宏观管理与统筹能力。在管理实践中，档案管理机构需要对各部门的档案资料进行统一保管，必须避免过度分散，影响档案完整性。同时，需要重视档案信息的安全防护。

# 第二节　档案管理的要点

## 一、档案的收集与整理

### （一）档案收集的内涵

档案是开展档案管理工作的物质基础，也是档案信息资源开发的必要条件。档案的收集工作在整个档案管理业务中发挥着重要作用。因此，做好档案的收集工作具有十分重要的意义。

　　档案的收集指的是征集和接收档案及相关文献的活动。其具体的工作指的是保存或者将分散在各个机关、各个单位或者个人手中的文件，以及在国内外丢失的文件（或复制品），依据国家的相关规定，通过例行接收制度和专业化的收集方法，有计划地集中统一到各个相关档案馆进行统一保管。

　　档案收集工作的内容可归纳为两个方面：一方面是档案的征集，即档案馆按照国家相关规定征收社会上散存的档案和相关文献；另一方面是档案的接收，即档案馆接收档案转移的工作过程。这些都是档案馆获取和积累档案文件的主要渠道。

### （二）档案收集的过程

　　档案作为相关组织主体的一种基础性信息资源，收集的档案是否齐全、完整关系到档案往后的借鉴及利用价值。为了使档案收集工作更加顺畅地进行，合理地应用档案收集方法已经成为当前各个单位档案工作发展的必然趋势。

　　1.收集工作

　　对于档案收集，各个相关的主体都有与自己相关的收集原则、制度及相关规范等。同时，这些原则不能与主体内部的管理体制、机构设置相冲突。基于不同体制差异和档案的复杂性，采用不同的收集方法才能达到最佳收集效果。档案收集常用的方法有以下四种。

　　（1）常规收集法

　　常规收集法是档案收集的主渠道，是各单位按照档案归档要求，将本单位（个人）在工作活动中产生或处理完毕的档案材料进行收集、整理、立卷操作，并在规定时间内提交给档案收集部门的方法。运用这种收集方法需要有完善的档案收集实施规范，具体如下。

　　①明确档案收集范围，使档案收集工作做到有章可循，步入制度化、规范化管理的轨道。

　　②建立并健全档案部门（单位）分级征收责任人网络，并明确立卷归档分工。

　　③规定归档的工作程序和手续，规定收集档案的质量标准和要求。

　　④规定归档的时间期限，并对收集程序、途径和奖惩做出明确规定，以增强收集的权威性，确保收集渠道的畅通。

　　（2）追踪收集法

　　追踪收集法是针对常规收集法可能出现遗漏的补救措施，适用于收集部门未完成规定范围内的档案征收工作，是一种目标性收集。这种收集一般适用于下列情况：对于常规收集法征收的档案，归档后出现归档不完整的情况进行的补充收集；部分单位不规范的工作活动中产生的档案材料的收集，如大型活动没有专人负责相关材料管理、临时的重要会议无专人进行记录等，活动或会议结束后需要及时追踪、收集、整理、归档；已撤销的专职机构，职能未得到及时的调整，其工作活动中产生的档案材料的收集；针对某一阶段工作成立的临时机构所开展的大型的、重要的工作活动，如党建活动、节庆活动、换届选举活动等产生的档案材料的收集。

（3）超前导入法

超前导入法，即针对某些档案材料在归档前发生归档卷宗、责任人（单位或个人）变更时，应提前找到档案后续接管者，将档案资料纳入接管者管理范围并在规定时间内完成档案归档工作，避免出现同一年度、同一项目出现两个档案材料的情况。常见的情况有以下几种：已被撤销的机构，原职能被分解或纳入其他机构中，原机构文件材料的收集；机构职能有所调整，原职能活动产生的材料的收集；主管专项活动的临时机构撤销后，所属业务转到挂靠部门（单位），该机构产生的文件材料的收集。

（4）过程控制法

过程控制就是在档案材料产生过程中，为保证材料的全面、完整、真实，对档案材料的质量、数量进行控制。如对公文质量的控制，从撰制、印刷、发送到立卷归档等各个环节都要严格加以规范，并对归档范围及要求精准确定，以防档案归档出现混淆。在组织领导上，按相关政策与法律规章制度，将"四同步"方法加以具体化，将各部门各直属单位负责人的职责范围明确化。

2. 归档原则

各级档案归档人员负责整理所属管辖区域的档案材料，归档工作应遵循以下归档原则，包括归档范围、归档要求、归档时间等（以下以科研档案为例进行明确说明），并严格遵守档案工作的基本原则：统一领导，统一管理，完整安全，便于利用。

（1）档案的归档分类

按照科研项目管理分类，科研项目执行过程中的档案采取分类归档要求，具体分类如下。

①基础类科研项目（Ⅰ类科研项目）归档。

②研制类科研项目（Ⅱ类科研项目）归档。

③产品类科研项目（Ⅲ类科研项目）归档。

（2）档案的归档责任与归档范围

下面我们以某一个学校为例分析一下档案的归档责任与归档范围。

首先，科研院负责归档科研管理类文件材料、知识产权（含专利、软件著作权）材料和其他成果管理阶段的档案材料。具体的科研工作管理类文件归档范围及期限如表 1-2-1 所示，科研项目成果管理阶段归档范围如表 1-2-2 所示。

其次，研究所（项目组）按照所承担科研项目的不同类别，负责归档项目实施阶段的档案材料。具体的科研项目实施阶段归档范围如表 1-2-3 所示。

最后，与外单位协作完成的项目中，由学校总抓的项目，研究所（项目组）负责收集整个项目的全部科研档案材料并完成归档；学校作为参研单位的项目，研究所（项目组）负责归档学校承担部分的科研档案材料。

表 1-2-1　科研工作管理类文件归档范围及期限

| 序号 | 类别和条款名称 | 保存期限 |
|---|---|---|
| 1 | 上级单位来文印发管理办法、制度的文件 | 永久 |
| 2 | 上级关于科研工作的文件材料，学校关于科研工作的发文 | 10 年 |
| 3 | 本校制定的有关科研工作的规章制度 | 文件有效期 |
| 4 | 本校召开的科研工作会议的文件材料，参加上级科研工作会议的文件材料 | 10 年 |
| 5 | 本校科研工作规划、计划、调研报告 | 与工作同期限 |
| 6 | 上级及本校的科研工作先进集体、先进个人事迹材料，申报材料，获奖证书 | 永久 |
| 7 | 科研项目合同书 | 永久 |
| 8 | 专利审批表、专利证书 | 专利有效期限 |
| 9 | 本校在研项目、鉴定项目、获奖项目、专利项目统计表 | 10 年 |
| 10 | 教师发表科技论文一览表，教师学术论文被 SCI、EI、JST 收录的情况表 | 10 年 |
| 11 | 科研工作大事记 | 10 年 |
| 12 | 科研简报、工作信息等 | 5 年 |
| 13 | 收发文登记簿 | 10 年 |
| 14 | 科技成果展览、推广等有关文件材料 | 10 年 |

表 1-2-2　科研项目成果管理阶段归档范围

| 工作阶段 | 序号 | 归档内容 | 保存期限 |
|---|---|---|---|
| 项目鉴定阶段 | 1 | 鉴定申请报告（技术总结、工作总结、知识产权报告） | 永久 |
| | 2 | 鉴定证书（专家意见及名单） | 永久 |
| 项目报奖阶段 | 1 | 奖励申报书 | 永久 |
| | 2 | 获奖证书、文件 | 永久 |

表 1-2-3　科研项目实施阶段归档范围

| 工作阶段 | 序号 | 归档内容 | 保存期限 |
|---|---|---|---|
| Ⅰ类科研项目 | | | |
| 项目立项阶段 | 1 | 开题报告（建议书） | 30 年 |
| | 2 | 方案论证报告 | 30 年 |
| | 3 | 调研报告 | 30 年 |
| | 4 | 任务书［协议书、可行性研究报告、合同（含法人委托书）］ | 永久 |
| | 5 | 专家评审意见及专家名单 | 永久 |
| 项目执行阶段 | 1 | 实验大纲 | 永久 |
| | 2 | 实验原始记录 | 永久 |
| | 3 | 实验报告 | 永久 |
| | 4 | 关键工艺文件、图纸 | 永久 |
| | 5 | 中期评估总结／年度总结有关材料 | 30 年 |
| 项目结题阶段 | 1 | 技术总结报告、工作总结报告、科技报告 | 永久 |
| | 2 | 财务决算报告 | 永久 |
| | 3 | 项目验收专家意见及专家名单 | 永久 |
| | 4 | 其他与结题有关的影音、录像等材料（包括软件光盘） | 永久 |
| Ⅱ类科研项目（质量管理体系范围内项目，按照要求进行归档） | | | |
| 立项前阶段 | 1 | 立项论证报告 | 30 年 |
| | 2 | 投标书／竞争性论证报告／方案论证报告／可行性研究报告／项目建议书及相关会议的评审报告和批复意见 | 永久 |
| | 3 | 合同及委托书、协议书、计划书、技术协议（技术规格书）及与科研任务有关的往来函件 | 永久 |
| | 4 | 产品要求评审报告／记录单 | 永久 |

续表

| 工作阶段 | 序号 | 归档内容 | 保存期限 |
|---|---|---|---|
| 方案设计阶段〔产品实现策划(任务确定)〕 | 1 | 质量计划/质量保证大纲(设计开发/研制) | 与科研任务同期 |
| | 2 | 设计开发输入一览表 | 与科研任务同期 |
| | 3 | 设计和开发计划/研制工作计划 | 与科研任务同期 |
| 项目执行阶段(方案) | 1 | 方案评审申请报告 | 永久 |
| | 2 | 方案评审报告 | 永久 |
| | 3 | 研制技术方案报告 | 永久 |
| | 4 | 可靠性保证大纲等六性大纲 | 永久 |
| | 5 | 标准化大纲 | 永久 |
| | 6 | 其他方案评审文件材料 | 永久 |
| 项目执行阶段〔工程研制(含初样机、正样机)〕 | 1 | 技术/施工设计(工程研制)评审申请报告 | 永久 |
| | 2 | 技术/施工设计(工程研制)评审报告 | 永久 |
| | 3 | 样机原理图、功能框图、电路图、机械图等 | 永久 |
| | 4 | 初/正样机软件流程图 | 永久 |
| | 5 | 初/正样机研制总结报告 | 永久 |
| | 6 | 用户手册 | 永久 |
| | 7 | 技术规范/产品规范 | 永久 |
| | 8 | 可靠性、维修性等六性设计报告 | 永久 |
| | 9 | 故障模式、影响及危害性分析报告 | 永久 |
| | 10 | 关键技术项目清单 | 永久 |
| | 11 | 各阶段风险分析报告(可包含在研制报告中) | 永久 |
| | 12 | 特性分析报告及相关文件清单 | 永久 |
| | 13 | 工艺评审申请报告 | 永久 |
| | 14 | 工艺评审报告 | 永久 |
| | 15 | 工艺文件(总装、调试、生产加工等) | 永久 |
| | 16 | 试制准备状态检查相关材料(报告、相关记录) | 永久 |
| | 17 | 首件鉴定相关材料(首件鉴定目录、首件加工原始记录、首件检验报告、首件鉴定报告) | 永久 |
| | 18 | 各类试验/验收大纲(规范) | 永久 |
| | 19 | 各类试验/验收报告、记录 | 永久 |
| | 20 | 产品质量评审申请报告 | 永久 |
| | 21 | 产品质量评审报告 | 永久 |
| | 22 | 研制总结报告 | 永久 |

| 工作阶段 | 序号 | 归档内容 | 保存期限 |
|---|---|---|---|
| Ⅲ类科研项目（质量管理体系范围内项目，按照要求进行归档） | | | |
| 项目执行阶段〔生产阶段（相对独立）〕 | 1 | 质量计划 / 质量保证大纲（产品阶段） | 与生产任务同期 |
| | 2 | 生产计划 | 与生产任务同期 |
| | 3 | 各类生产工艺文件（总装、分装、机加、焊接、软硬件调试等） | 永久 |
| | 4 | 生产过程相关记录 | 永久 |
| | 5 | 各阶段验收大纲及记录 | 永久 |
| | 6 | 产品装箱、交付记录 | 永久 |
| | 7 | 用户使用手册 | 永久 |
| | 8 | 设备维护保养说明 | 永久 |
| | 9 | 产品售后服务相关记录 | 永久 |
| | 10 | 产品合格证 | 永久 |
| 产品验收 / 鉴定阶段 | 1 | 产品检验合格证明（证） | 永久 |
| | 2 | 验收 / 鉴定申请报告 | 永久 |
| | 3 | 验收 / 鉴定报告 | 永久 |
| | 4 | 研制总结报告 | 永久 |
| | 5 | 质量分析报告 | 永久 |
| | 6 | 用户或其代表对鉴定的意见 | 永久 |
| | 7 | 标准化审查报告 / 标准化大纲 | 永久 |
| | 8 | 质量经济性分析报告（成本分析报告） | 永久 |
| | 9 | 研制试验大纲及报告 | 永久 |
| | 10 | 关键性技术专题报告 | 永久 |
| | 11 | 技术规范 / 产品规范 | 永久 |
| | 12 | 配套产品、元器件、原材料来源情况报告 | 永久 |
| | 13 | 主要工艺装备、专用设备及测试仪器仪表清单 | 永久 |
| | 14 | 成套设计文件（设计文件、软件设计文件、工艺文件） | 永久 |
| | 15 | 产品照片 | 永久 |
| | 16 | 技术说明书、维护使用说明书、产品履历书 | 永久 |
| | 17 | 产品规范 | 永久 |
| | 18 | 产品重要合格供方及提供的产品和服务清单 | 永久 |
| | 19 | 软件需求分析、设计、测试、使用、管理文档 | 永久 |
| | 20 | 产品全套设计图样 | 永久 |

3.归档要求

（1）档案的载体质量要求

①归档的档案材料必须是原件（定稿）。如果确无原件归档，应附情况说明。

②归档范围内的文件材料的载体和记录材料应符合耐久性要求，不能使用热敏纸，不能使用铅笔、圆珠笔、红墨水、纯蓝墨水、复写纸等书写文件，电子文件载体（磁盘或光盘）应使用优质产品。

③归档范围内的纸质文件材料应统一使用标准尺寸的纸张（图纸除外）。

④底图以"张"为单位单独存放。

⑤对在装订线以外有字迹的文件材料或破损的文件材料，以及与本卷文件材料不可分割的小字条等，要进行加边、修补和裱糊；拆除30年和永久性保管文件材料上的金属物。

⑥图纸按A4规格叠成手风琴式，图名、图签折在外面。

⑦文中密不可分的插图、照片应贴入文字材料内；附图册、表册、照片应附在文字材料之后，共同组成保管单元。

⑧磁盘、光盘、录像带、录音带等要注释时间、地点、人物、事件等。

（2）档案的归档时间要求

①管理部门可以在每年固定的两个月集中归档上一年度的档案材料。

②要将各类项目立项编号作为该项目归档的唯一编号，应对执行周期在2年以上的项目实施年度归档，归档情况作为该项目下一年度经费拨付等活动的依据；在项目结题（验收）前，须先到档案馆办理归档手续。验收报告等后续产生的材料可在结题（验收）后进行随时归档，同一项目应延续同一卷宗。

③档案馆随时接收各类项目档案材料，在30日内完成立卷编号。

（3）档案的移交要求

各类档案向档案部门移交时，要填写档案归档材料移交清单（一式两份）。由项目负责人签字，相关部门审核，档案馆接收档案后在移交清单上签字，双方各执1份存查。

（4）其他

各活动所产生的各类文档，应参照规定要求进行归档，当活动有特殊归档要求或归档内容存在争议时，应组织档案馆和相关归档部门，对照合同等文件要求确定最终归档内容。

### （三）档案的整理

根据《归档文件整理规则》（DA/T 22—2015）（以下简称《规则》）的要求，档案整理是指档案收集部门在文件输入完毕后，按有关规定，对其中有保存价值的文件，按照它们在形成过程中的自然规律和特点，进行分类、排列、编目，使之有序化，并向档案室或档案人员移交的过程。凡有特殊规定、制度的组织，从其规定。《规则》最根本的特点就是以件为整理单位，进行归档文件的整理工作。在信息化管理日渐普及的当下，该整理方法符合"简化整理，深化检索"的原则，降低了档案工作人员掌握和操作的难度，使纸质文件材料和电子文件的整理更加有效地联结起来，对于提高归档齐全、完整程度和档案整理规范化水平，推动电子文件管理具有重要意义。

归档整理也要遵循一定的原则，具体如下。

①在归档文件整理中，必须保持文件之间的有机联系，遵循文件的形成规律。遵循文件的形成规律对归档文件进行整理，实际上就是归档文件整理时更加注重与文书处理工作的衔接，以"件"为整理单位并简化整理措施。《规则》组件中的"件"的构成、件内文件排序等内容就充分体现了这一原则。《规则》在归档文件分类上按照不同年度、不同机构进行，保证了不同组件中文件之间的有机联系。归档文件一般采用"年度—机构（问题）—保管期限""年度—保管期限—机构（问题）"等方法进行三级分类，其中最低一级目录排列文件时，强调按时间结合事由排列，将同一事由形成的文件排列在一起，使文件之间的有机联系得以充分体现。

②要区分不同价值。整理时要剔除不归档文件，要将不同保管期限的文件区分开来，为有针对性地开展后续保管和利用工作打下基础。《规则》推行文件级整理，正是在新形势下对这一原则的合理运用。

③符合文档一体化管理要求，便于计算机管理或计算机辅助管理。根据《电子文件归档与电子档案管理规范》（GB/T 18894—2016）的要求，避免因两类归档文件整理的基本原则、基本方法不同带来的诸多问题。文档一体化管理要求，就是指应该避免用一般的手工管理方式去进行电子文件的管理。《规则》修订时优化整理流程、统一室编件号和馆编件号、增加档号编制等内容都是为了使归档文件的整理能够与文档一体化的管理要求相一致。在"互联网+"的新形势下，在信息化条件的推动下，归档文件整理工作符合文档一体化管理要求，实现纸质文件材料和电子文件统一标准、统一整理、统一管理的要求，形成便于计算机管

理或计算机辅助管理的电子文件管理模式，减少不必要的整理步骤和工作量，提高检索效率。

④保证纸质文件和电子文件整理协调统一。在当前的情形下，未来较长的一段时间内纸质文件和电子文件会并行存在，保证二者的协调统一是进行归档文件整理必须要克服的难关。要实现二者的协调统一，首先就要统筹规划分属单位进行有关活动期间所提交档案的过程和档案管理工作。在提交档案环节前置档案管理的部分要求，档案管理环节继续采用同步提交档案处理活动阶段产生的相关信息，使二者成为一个有机整体，解决了文件和档案管理信息不一致、电子文件元数据丢失等问题，以提高归档文件的整理效率。在信息化条件下，二者协调统一的一般方法是归档的电子文件作为第一整理对象，先完成档案管理系统上的电子文件整理环节，再根据电子文件来整理相应的纸质文件，保证档案整理工作的一致性和稳定性。

## （四）立卷概述

### 1.立卷原则

遵照文件材料之间的自然形成规律，保持文件材料之间的有机联系，区别其保存价值，分类组卷。

### 2.立卷程序

①由立卷人依据积累袋（盒）中的文件目录和收发文登记簿清点文件，剔除不应归档的文件材料。

②根据立卷原则，调整文件的排列顺序。

③对照保管期限表，区分保管期限，尽量做到一卷内的文件保管期限大体一致。成套性的技术文件，以不破坏技术文件之间的有机联系为原则，灵活处理保管期限问题。

④每一案卷内的文件，一般不应超过200页。同一问题的文件数量较多时，可组成多卷；文件数量较少时，可组薄卷或几个问题合并组卷。

⑤将经过上述程序清理后的文件材料进行系统排列和编目。

### 3.文件材料分类原则

（1）按年度分类

①一般文件材料，归入文件材料的形成年度。

②跨年度的请示与批复，归入批复年度。

③跨年度的规划、计划，一般归入文件内容针对的第一年度。

④跨年度的会议材料，归入会议开幕的年度。

⑤跨年度的非诉讼案件材料，归入结案的年度。

⑥跨年度的技术性材料（如科研、基建、设备等），归入鉴定、竣工、验收的年度。

（2）按问题分类

将文件材料按其内容所反映的问题、事件、会议等分类。

（3）按保管期限分类

对照保管期限表将文件分为永久、30年、10年三类。

**4. 文件材料组合**

（1）组合的基本要求

组合一般应以问题为主，兼顾其他特征，使之联系紧密、分卷适当、问题明确、类型鲜明、年度不混、保管期限准确。

（2）组合的基本方法

①文件材料一般按问题进行组合，同一问题的请示与批复、转发件与原件应组合在一起。

②会议文件一般一会一组合。

③工作计划、总结等文件，按作者或名称组合。

④统计报表、名册，按其名称或格式组合。

⑤非诉讼案件材料，按问题或人物组合。

⑥来信，按信件作者、信件处理方式或信件反映的问题组合。

⑦简报、刊物，按刊名组合。

⑧技术性文件，按成套性组合。

**5. 分卷**

同组文件材料较多时，可分成数卷，每卷不应多于200页；每组文件较少时，可将问题相近的几组文件合并为一卷。

**6. 卷内文件排列**

①卷内文件一般按其重要性或时间顺序排列，但有以下统一规定：批复排列在前，请示在后；批转在前，报告在后；正件在前，附件在后；印本在前，定稿在后；结论性材料在前，依据性材料在后。

②科研课题的文件材料，按准备阶段、研究试验阶段、总结鉴定阶段、成果

授奖阶段和推广应用阶段顺序排列。

③基建工程文件按依据性材料、基础性材料和设计、施工、竣工等阶段排列。

④仪器设备的文件材料，按依据性材料和设备开箱验收、安装调试、运行维修等阶段排列。

⑤产品的文件材料，按设计、试制、批量生产、销售等阶段排列。

⑥科技文件材料的案卷，要求文字材料在前，图纸在后，或图纸单独组卷。

7. 文件整理与案卷装订

①装订线以外有字迹的文件材料应加边；与文字材料密不可分的照片或小字条应用 A4 纸衬托裱糊；破损文件材料要裱糊；金属物要拆除。

②大于 A4 开的文件材料要拆成 A4 页大小。

③技术图纸（底图除外）要按 A4 图纸规格，折成手风琴式并露出标题栏。

④有皱褶或修补、裱糊过的文件材料要熨平。

⑤需装订的案卷，冲（钻）孔径不得大于 3.5 mm，用线绳装订系牢，绳结应在案卷的底面内。

⑥不需装订的案卷，每份文件要用线绳或缝纫机缝制在一起，再按排列顺序放入案卷盒内。

⑦底图编号、扎边后，按项目与图号顺序平放在底图柜内。

⑧各类档案中的声像材料，除与文字材料密不可分者外，应另行组卷，专柜保存。

8. 案卷的编目

案卷的编目包括页号、件号、卷内文件目录、备考表、案卷封面等。

（1）页号

有文字内容的页面均应编页号，页号按自然数顺序编写，不允许有空页或重号；页号用打号机印制在非装订线一侧的左（右）上角处，离边线距离不得小于 1 cm。案卷封面、卷内文件目录和备考表不编页号。

（2）件号

不装订的案卷除每份文件要编页号外，还要编件号，在每份文件的首页右上方盖"档号章"，填写档号、件号和页数。

档号：本案卷的档案号。

件号：该份文件在本卷中件次的顺序号。

页数：此份文件的总页号。

（3）卷内文件目录

卷内文件目录排列在卷内文件首页之前，应填写的项目如下。

序号：用阿拉伯数字从 1 起顺序标注。

文件编号：填写文件制发单位编制的发文字号或图样的编号、获奖证书的编号。

作者（责任者）：填写文件的制发单位名称或署名者。

题名：一般按原文标题照抄。原文标题过于简单而不能反映文件的主题内容时，除抄入原标题外，还应在其后加注，并用方括号括起来；没有标题的文件，自拟标题，但需要加方括号以示区别。

日期：填写文件的制发日期（年、月、日）。

页次：填写每份文件首页的页号，最后一份文件填写本份文件的起止页号。

页数：每一件归档文件的页数，文件中有图文的页面为一页。

备注：填写需特殊说明的事项或留待文件变化时做必要的说明。

（4）备考表

备考表排在卷内文件末页之后，应填写的项目如下。

情况说明：填写本卷内文件缺损、补充、移出、销毁等情况和案卷使用过程中需要说明的问题。

立卷人：签署组卷人的姓名。

检查人：签署档案馆负责指导立卷人的姓名。

（5）案卷封面

案卷封面中的各项，统一由档案馆工作人员填写。

9. 归档验收

①将装订好的案卷，按顺序填写移交目录。

②填写归档说明书，说明归档的总案卷数、质量情况、需要说明的事项。

③由档案馆工作人员清查无误后，交接双方分别在移交目录、归档说明书上签字。

④移交目录应一式两份，分别由归档单位和档案馆保存备查。

## 二、档案价值鉴定

档案鉴定是一项科学性很强的工作，应根据档案对于组织主体活动、管理的意义，全面地、历史地、持续地、客观地分析档案的价值，同时运用科学的信息化技术辅助档案鉴定工作，通过规范的判断，实现档案管理的效率性。

档案价值鉴定是一项系统性、多学科协同工作的科学工作，其根本出发点是符合党和国家及人民的整体利益，符合我国经济和社会发展的需求，从档案对于经济和社会发展、科学研究、日常工作、干部选用、个人客观公正评价、德能勤绩廉考核、奖励与惩罚等方面全面地鉴别价值和存在意义，同时要运用历史发展的观点对档案的保存期限进行分析和确定，使档案信息资源能够真正为经济和社会发展提供服务。

档案价值鉴定的意义是符合使用人对于档案的需求。对于档案而言，每个人、每个单位存在多种多样的档案，对于档案的价值和保存时间的鉴定从其意义上看是为使用人服务的，也可以说是主体与客体之间的关系，使用人作为主体，档案作为客体，主体需要什么样的档案、需要什么样的存储方式等，都需要客体为其服务，只有客体的内容与属性的确定才能够保证满足主体的需要，因此也只有通过对主体需求的分析及客体内容与属性的分析，才能保证主、客体一致，才能确定档案价值，使档案为使用人提供高质量的服务。

档案价值鉴定的重点是档案的系统性与全面性。用全面、持续、可发展的视角对档案的价值进行鉴定是档案价值鉴定的重点。任何档案都不是单独存在的个体，都是通过相互之间的关联形成的系统性和全面性档案体系，对于档案价值的鉴定不能单纯、片面地看档案中的一部分内容，而应将档案系统化、体系化地进行鉴别、比较、分析，确定其能够为党和国家及个人提供的服务内容，由此对被鉴定的档案内容进行比较分析，最后确定档案是否有价值、价值多大、保存多长时间等一系列问题。

档案价值鉴定的核心是用发展的视角去鉴别档案。对于档案的价值应用发展的观点和视角去看待，每份档案在不同历史时期的价值有所不同，运用发展的视角去看待档案，最大化地发现档案的价值，真正做到为经济和社会发展服务，为个人前途和进步服务。同时，运用发展的视角去比较、研究、鉴别档案的价值，能够有效剔除、过滤掉没有价值的档案，使档案价值鉴定效率化、质量化、实用化。

档案价值鉴定的价值在于产生良好的经济效益和社会效益。档案的价值，从档案学和信息管理学的角度看，就是通过档案的比较、研究、分析产生一定的经济和社会效益，从而为人类社会发展服务；从国家、集体、党政机关及企事业单位的档案价值的角度看，通过对有价值的档案进行比较、研究，能够为相关部门制定发展规划、政策等提供有益的决策信息参考；从个人的角度看，有价值的系

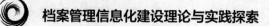

统性档案能够客观、公正、准确地评价、评估个人的工作态度、工作能力、工作质量和工作效率，从而助力个人向更好的方向发展，同时也能够及时地矫正错误，确保个人价值的实现。

### （一）直接鉴定法

直接鉴定法是在实践中最为常用的一种鉴定方法，是依据档案保管期限表，直接、具体地阅读档案，根据档案内容直接对档案实体逐件逐页地查看、审核和鉴别，确定档案价值的方法。例如，一份标题简单的档案文件，仅靠目录很难确定其是否已经失去效用，只有直接查看档案具体内容才能准确判断其是否需要继续保存。这种方法的优点在于能够高效地完成档案价值鉴定工作，但是也存在一些隐患。受档案管理人员及档案价值鉴定人员的学术水平和工作能力等方面的限制，其可能造成档案价值鉴定的缺失与遗漏。

### （二）间接鉴定法

间接鉴定法不需要对档案实体逐件逐页地查看，而是先查看目录，选取所需鉴定的档案原件，鉴定其保存价值。作为一种辅助性鉴定法，间接鉴定法的主要目的就是缩小直接鉴定法的鉴别范围。

### （三）抽样鉴定法

抽样鉴定法一般应用于复查审核已经鉴定过的档案。例如，对一定数量的档案进行期满鉴定后，有部分档案被鉴定为无保存价值应该被剔除，需要报主管领导批准，领导对此即可酌情采用抽样的方法进行检查。

## 三、我国档案管理政策文件

### （一）《中华人民共和国档案法》

《中华人民共和国档案法》（以下简称《档案法》）由中华人民共和国第十三届全国人民代表大会常务委员会第十九次会议于2020年6月20日修订通过，自2021年1月1日起施行。

《档案法》明确了档案主管部门依照法律、行政法规有关档案管理的规定开展档案检查的权力；规定了档案主管部门对社会组织（档案馆、机关、企业事业单位以及其他组织）档案工作的六种情况进行档案检查的权力；规定了档案主管部门开展档案检查的安全保密前提和工作方式；明确了受检单位和个人配合档案检查的义务，明确了各社会组织在发现本单位存在档案安全隐患时，应当及时采取补救措施，消除档案安全隐患的责任和义务；明确了各社会组织在发生档案损毁、信息泄露等情形时，应当及时向档案主管部门的报告义务；赋予了档案主管部门在发现档案安全隐患时，有责令相关单位进行限期整改，消除档案安全隐患的权力；赋予了社会组织和个人发现档案违法行为时，向档案主管部门和有关机关举报的权利；规定了接到举报后，档案主管部门或者有关机关应当及时依法处理的义务；规定了档案主管部门和工作人员应当遵循的禁止事项，即档案主管部门及其工作人员应当按照法定的职权和程序开展监督检查工作，不得利用职权牟取利益，不得泄露履职过程中知悉的国家秘密、商业秘密或者个人隐私。这些法律规定是档案主管部门开展检查工作的重要依据。

此外，档案行政法规、档案行政规章、部门规章和规范性文件，也都是开展新时期档案检查工作的重要依据。

### （二）《档案检查工作办法》

2020 年 12 月 11 日，国家档案局印发了《档案检查工作办法》。《档案检查工作办法》对我国档案主管部门依法开展档案检查工作起到了重要的指导和规范作用。笔者在介绍和评析《档案检查工作办法》的基础上，对其主要特点和实践价值进行了分析，并进一步提出了完善该办法的建议，这对于我国档案管理工作具有一定的促进意义。

#### 1. 明确性

明确性主要体现在指导思想这一方面。《档案检查工作办法》以《档案法》为依据，充分体现了"依法治档"的精神，并确立了以统筹规范检查工作，推动档案工作有效服务国家治理体系和治理能力现代化的新时期档案检查工作的目标。《档案法》明确规定了档案主管部门依照法律、行政法规有关档案管理的规定，可以对档案馆和机关、团体、企业事业单位以及其他组织的档案工作责任制和管理制度落实情况，档案库房、设施、设备配置使用情况，档案工作人员管理情况，档案收集、整理、保管、提供利用等情况，档案信息化建设和信息安全保障情况，对所属单位等的档案工作监督和指导情况等进行检查。《档案检查工作办法》的总则部分充分体现了《档案法》的规范要求，做到了有法可依。档案事业发展与国家治理体系和治理能力现代化之间的不适应，与"为党管档、为国守史、为民服务"等战略目标之间的差距，是新时期我国档案事业建设与发展所面临的主要矛盾之一。实现依法治档，规范档案收集、整理工作，有效保护和利用档案，提高档案信息化建设水平，使档案事业的发展更好地走向开放、走向现代化，为中国特色社会主义事业服务，是开展档案检查工作所面临的主要问题。不断完善和加强档案检查工作，及时发现和解决各单位在档案工作中存在的问题，尤其是消除制约档案工作健康发展的安全隐患，成为新时期我国档案主管部门应当承担的重要政治任务。

2. 完备性和规范性

完备性主要体现在内容规定的方面，而规范性则体现为程序设计方面。《档案检查工作办法》对档案主管部门开展档案检查的法律法规依据、适用范围和对象、需要遵循的原则和程序、工作目标和质量要求、相关方的权责和义务、检查的内容和方式、组织实施的制度要求和方式方法、督促整改的要求和方式、责任追究的情形和方式、一般与特殊情况的处置及实施时间等，均做出了明确的规定。同时，《档案检查工作办法》还提供了《中央国家机关档案检查评价标准》《中央企业档案检查评价标准》等两个包含细化检查和评级标准的附件，为省级以下档案主管部门建立档案检查评价标准和实施细则提供了借鉴和参考。

《档案检查工作办法》明确了档案检查的程序要求。《档案检查工作办法》的程序设计充分体现了既听取受检单位的工作情况汇报，又切实开展实地检查；既明确指出受检单位档案工作存在的问题，又汇总检查情况，填写档案检查情况登记表；既向受检单位通报检查意见，又对检查中发现的问题提出整改要求。同时，还明确了受检单位及其成员有监督档案检查人员，举报、检举检查人员滥用权力，以及档案主管部门和有关部门及时处理相关问题的义务和工作期限。《档案检查工作办法》把目标导向、问题导向、结果导向有机地结合起来，做到了程序合规、内容结构完整、措施设计科学、注重实效。

3. 刚性和可操作性

刚性和可操作性指的是《档案检查工作办法》制度规范的刚性与可操作性。《档案检查工作办法》依法依规提出的各项规定要求，不仅明确了档案主管部门的责任、工作措施、义务要求，明确了受检单位及其工作人员的责任义务与提出异议、揭发检举等方面权利，而且对发现问题、违法违纪的行为类型、行为人应当承担的责任、惩戒措施等也做了刚性规定。《档案检查工作办法》对《档案法》的第四十三条、四十四条、四十五条、四十六条、四十七条的细化规定，为有效杜绝档案检查工作中可能出现的各种隐患，堵塞制度实施过程中的漏洞，切实保证档案检查工作能够依法、公开、公平、公正地开展，引领和警示相关单位和工作人员自觉遵纪守法，有效提升我国档案检查工作的科学性和规范性，起到防患于未然的作用。同《档案法》的原则性、纲领性规定相比，《档案检查工作办法》的各项规定和措施要求，更具有可操作性。《档案检查工作办法》的内容规定既考虑到了档案检查中会遇到的一般情形和问题，又较为充分地考虑到了特殊情形和问题；既提出了对一般情形和问题的处置要求，又明确了对情形和特殊问题的处置要求，很大程度上为杜绝档案检查工作中"一刀切"等问题的出现提供了操作性更强的手段、措施、方式和方法。《档案检查工作办法》对档案检查中相关问题的处理时间，也提出了明确的期限要求，从制度设计层面为杜绝工作拖延、玩忽职守等问题的出现提供了坚实的制度规范。

## （三）相关法规与文件的意义

档案行政法规、档案行政规章、部门规章和规范性文件的制定与实施是新时期我国档案事业实现档案治理体系和治理能力现代化的重要抓手。《档案法》的实施，为我国档案事业的发展提供了必要的法律保障，为有效落实和推动《档案法》所要求的"监督检查"的各项规定提供了现实的、可操作性的思想和行为制度规范，是我国开展档案检查工作的重要抓手和工具。但《档案法》不可能解决档案工作面临的所有问题和矛盾，一些原则性和纲领性的法律规定尚需强有力的、科学的档案工作章则制度来予以补充、细化和完善。在档案工作治理体系的建设实践中最关键的任务，就是要不断地建设与完善具有中国特色的、政治站位高的、科学实用的档案法律法规制度体系。

# 第二章　档案管理信息化建设概论

本章为档案管理信息化建设概论，对于信息技术的相关内容以及信息化与档案管理进行了理论探究。对信息技术进行相关的探究是十分必要的，它对于档案信息化建设有着十分重要的意义。

## 第一节　信息技术概述

基础设施是档案信息化建设的物质要件，是档案信息资源开发利用和信息技术应用的前提。档案信息化基础设施的核心是信息技术和网络平台，充分利用信息技术和网络平台构建符合特定要求的档案管理信息系统，是档案信息化基础设施建设的重要内容。

如今，信息技术，特别是数字技术和网络技术的迅猛发展，正在深刻地改变着信息的收集、组织、管控、保管、传递和利用方式，这种改变广泛渗透到人类生活的各个方面和社会发展的各个领域，为人类社会的进步注入了强大的动力，极大地提升了社会生产力，也给各项事业的发展提供了宝贵的机遇。我国的档案信息化建设是在信息技术日新月异、国家信息化战略不断推进、电子政务建设迅猛发展的多重背景下发展起来的。其中，信息技术是档案信息化的前提和基础。认清信息化潮流，抓住信息化机遇，应对信息化挑战，顺势而为，乘势而上，是21 世纪我国档案事业发展的突出主题、战略举措和神圣使命。对信息技术的探究，有利于我们把握档案信息化的基本规律，克服盲目性，提高自觉性，增强对信息化战略的执行力。

### 一、信息化基本概念

信息化是当今世界发展的大趋势、大潮流，是各地区、各领域发展的战略制高点。在档案信息化建设的理论研究和实践推进中，档案工作者需要掌握信息化的基本概念和特点。

### （一）信息

物质、能量和信息，是我们客观世界的三大要素。人们较早地认识了物质，于 18 世纪 60 年代的工业化时期才认识能量，并发现了物质和能量的转换关系。20 世纪 50 年代以后，信息科学发展成为一门新兴学科，至今方兴未艾，并深刻地影响着世界。

研究信息化首先必须认识信息。一般来说，信息有广义和狭义之分。广义（本体论）信息是指事物存在方式和运动状态的表现形式。"事物"是指存在于人类社会、思维活动和自然界中的一切对象；"运动"是指一切意义上的变化，包括机械、物理、化学、生物、思维、社会的运动。在这一层次上定义的是最广泛的信息，既包括自然信息，如鸟语花香、冬去春来；也包括社会信息，如政治信息、经济信息、军事信息、文化信息、科学技术信息、社会生活信息。狭义（主体论）信息是指人所感知或表述的事物存在方式和运动状态。"感知"是外界向主体输入信息；"表述"是主体向外界输出信息。本体论层次上的信息是客观信息，不以人的存在为前提。

主体论层次上的信息建立在人的意志基础上，是人的认识、感知、理解、表达、传递能力的产物，用于特定目的，因此，其内涵要比本体论层次上的信息丰富得多。显然，档案信息属于主体论层次，是人按照自己的意志，在对本体信息效用价值判断的基础上有选择地感知、存储和表述的信息。信息技术的发展，极大地拓展和增强了人对本体信息的感知和表述能力，档案信息化应当充分利用信息技术的强大功能和技术条件，增强人类对社会记忆信息的掌控和驾驭能力。

### （二）信息资源

信息资源也有广义和狭义之分。广义信息资源是指人类在社会信息活动中积累起来的信息、信息生产者、信息技术等信息活动要素的集合。狭义信息资源是指人类社会活动中经过加工处理后达到有序化并大量积累起来的有用信息集合。

随着信息技术，特别是互联网的普及，人们实实在在地感受到了信息的普遍性和价值性。将信息看作并转换为一种资源，是对信息或信息活动相关要素价值性高度认可的表现，是当今社会的一种先进意识。同时，从上述概念可以看出，不能随意地将信息称为信息资源。信息的资源化是有条件的，这种条件同样适用于档案信息资源。因此，我们在从事档案信息资源的建设时，也需要在"有序化"

和"大量积累"上下功夫，并且要将与信息有关的信息生产者、信息技术等要素一并纳入信息资源建设和管理的范畴，实现信息资源体系的整体优化和信息资源价值的最大化。

### （三）信息技术档案

信息化的物质基础是信息技术，全面认识信息技术是档案信息化建设的前提条件。信息技术是指完成信息的获取、传递、加工、再生和利用等功能的技术。它是一门综合性很强的高新技术，包括以下四项基本内容：一是感测技术，它是人的视觉、听觉、触觉等感觉器官功能的扩展，使人们能更好地从外部世界获得各种有用的信息；二是通信技术，它是人的神经网络功能的扩展，其作用是传递、交换和分配信息，消除或克服空间上的限制，以便更有效地利用信息资源；三是计算机及人工智能技术，它是人的思维器官记忆、联想、计算功能的扩展，使人们能更好地存储、加工和再生信息；四是控制技术，它是人的效应器官（手、脚、口）功能的扩展，它根据输入的指令对外部事物的运动状态实施干预，实现信息的效应。

### （四）信息化

信息化是指社会经济结构从以物质能源为重心向以信息与知识为重心转变的过程。也就是在经济和社会活动中，通过普遍采用信息技术和电子信息装备，更有效地开发和利用信息资源，推动经济发展和社会进步，使利用信息资源创造的劳动价值在国民经济生产总值中的比重逐步上升，直至占主导地位的过程。因此，信息化不是一种固定的状态，而是一个动态变化的过程。这个过程有着丰富的内涵。全面认识信息化的内涵，有利于我们准确把握信息化的基本规律，引导和促进档案信息化事业持续、健康发展。

信息化是一个充满生机和活力的领域，也是公开、公平的人类活动平台。信息技术的应用，可以使档案工作者不断破除封闭、狭隘、守旧、畏难的落后观念，激发起开拓、开放、效益、效率、服务等先进意识，弘扬追求理想、崇尚科技、奋力改革、务实创新、图存图强、团队作业的精神风貌，营造尊重知识、尊重人才、鼓励创新的社会氛围，为档案事业的持续发展赋予强大的正能量。

## 二、信息化基础设施的构成

信息化基础设施，即搭建档案信息网络，为档案信息传输、交换和资源共享创造条件。

计算机系统一般由硬件系统和软件系统构成。硬件又称"裸机"，它出厂时好像刚出生的婴儿，具有被开发的潜能，但不具备应用能力，需要软件对它进行"智力开发"。软件是人按照自己预定的目的和要求编写的操作指令的集合。它相当于人脑，可以按照人的意志，模仿人的智慧，指挥硬件实现预定的功能。由此，硬件是软件的物质基础，软件是硬件的灵魂，软件指挥硬件的数据存取，数据运算处理，以及输入、输出和网络设备的运行。硬件由主机、外部设备和网络设备组成；软件由系统软件和应用软件组成。

## （一）硬件系统

### 1. 主机

主机相当于人的大脑，具有控制、运算和记忆功能，包括中央处理器和内存储器两部分。

#### （1）中央处理器（CPU）

中央处理器是计算机系统的核心部件和指挥中枢，主要由控制器和运算器组成。控制器是计算机系统的指挥中心，它根据计算机操作指令，向计算机的各个部件发出控制信息，使计算机系统按照人的意志有条不紊、协调一致地运行。运算器是根据控制器发出的指令进行逻辑运算、算术运算的部件。

CPU 的技术指标主要由主频、总线速度、工作电压等决定，它也决定了计算机系统的技术效能和档次。一般来说，主频和总线速度越高，计算机系统运行的速度也越快；工作电压越低，计算机电池续航时间提升，运行温度降低，也会使 CPU 工作状态更稳定。当前各种移动终端的发展和普及就得益于 CPU 技术的迅猛发展。

#### （2）内存储器

内存储器又称主存储器，简称内存，它是相对于外存储器而言的。运行时，内存储器与外存储器交换数据和程序，又将数据、程序与 CPU 进行交换，向 CPU 发出操作的指令和被处理的数据，再将处理完毕的数据存入外存储器。内存储器分为只读存储器（ROM）和随机存储器（RAM）两种，ROM 存放计算机启动和运行的最基本的程序和参数；RAM 存放正在运行的程序和中间数据。内存储器的容量等指标，也决定着计算机系统的性能和档次。

### 2. 外部设备

外部设备是主机与外界交换信息的中介和枢纽，其配置和使用在很大程度上受到主机技术性能的制约。

（1）外存储器

外存储器又称辅助存储器，简称外存，用于存放暂时不用，需要长期保存的数据和程序。外存可以根据需要，批量地与内存交换数据和程序。

外存向内存传输数据称为"读"数据；内存向外存传输数据称为"写"数据。外存储器主要有磁盘、磁带、光盘、闪存、磁卡等。

存储器的主要技术指标是容量。存储器容量是指存储器存放数据的总量，以字节（Byte）为单位，缩写为 B。一个 B 通常由 8 个二进制位组成，16 个二进位合成一个字（Word）。存储器容量通常以 KB（1KB=1024B）、MB（1MB=1024KB）、GB（1GB=1024MB）、TB（1TB=1024GB）为单位。随着存储技术的发展和大数据时代的到来，计算机容量单位也越来越海量化。目前，还有更大的容量单位 PB（1PB=1024TB）、EB（1EB=1024PB）和 ZB（1ZB=1024EB）等。

外存储器的选择和配置是档案信息化基础设施建设的主要内容，是存储档案数据的主要载体。

（2）输入设备

输入设备是将外部世界的数据输入计算机系统的设备。目前常用的输入设备有键盘、鼠标、话筒、摄像头、扫描仪、翻拍仪、触摸屏、无线射频识别（RFID）等。

传统的输入设备是键盘和鼠标。键盘按应用可以分为台式机键盘、笔记本电脑键盘；按工作原理分可以分为机械键盘、塑料薄膜键盘、静电电容键盘。其中，机械键盘价格低，易维护，使用普及；塑料薄膜键盘无磨损，价格低，噪声低，应用广泛；静电电容键盘经久耐用，手感好，代表了键盘技术的发展方向。鼠标按工作原理分机械式和光电式；按接线分有线鼠标和无线鼠标。

随着多媒体技术、图像技术的发展，话筒、摄像头、扫描仪等输入设备的应用日益普及。话筒又称传声器，是声电转换的器件，按转换方式分为动圈话筒和电容话筒。摄像头是一种影像信息输入设备，可分为数字摄像头和模拟摄像头两大类，被广泛用于数码照相、录音、录像。扫描仪、翻拍仪是纸质载体信息模数转换设备，也是档案数字化的重要工具。

随着手机、平板电脑等移动终端的发展，触摸屏的应用也极其广泛，并给计算机用户带来崭新的体验。

无线射频识别（RFID），又称射频识别，是通过无线电信号识别特定目标并将相关数据读入计算机系统，而无须在识别系统与特定目标之间建立机械或光学接触的一种数据传输技术。此项技术在档案信息化中有很好的应用前景。

（3）输出设备

输出设备是将计算机系统的数据进行输出的设备，与输入设备一起，构成计算机与外部世界交换信息的通道。常用的输出设备有显示器、扬声器、打印机等。

显示器是显示计算机处理结果的器件。主要有阴极射线显像管显示器、液晶显示器、发光二极管显示器、等离子显示器四种。其中发光二极管显示器以其色彩鲜艳、动态范围广、亮度高、寿命长、工作稳定可靠等优点，适用于大型广场、商业广告、体育场馆等场所。等离子显示器是采用等离子平面屏幕技术的新一代显示设备，其优越性是亮度和对比度高、厚度薄、分辨率高、无辐射、占用空间少，纯平面图像无扭曲，代表了未来计算机显示器的发展趋势。

扬声器（耳机）是电声换能器件，分内置扬声器和外置扬声器。外置扬声器一般指音箱，其音响效果好，而内置扬声器可以避免佩戴耳机所带来的不便。

打印机是将计算机处理结果输出在纸张等介质上的器件。一般分为针式、激光式、喷墨式、热敏式等。

3. 网络设备

网络设备是指用于网络连接、信号传输和转换的各类网络传输介质、网卡、集线器、交换机、路由器、光电转换等设备。

（1）网络传输介质

网络传输介质是指在网络中传输信息的载体，常用的传输介质包括有线传输介质和无线传输介质两大类。

1）有线传输介质

有线传输介质是指在两个通信设备之间实现的物理连接部分，它能将信号从一方传输到另一方。有线传输介质主要有双绞线、同轴电缆和光纤等。双绞线和同轴电缆传输电信号，光纤传输光信号。

双绞线，由两根具有绝缘保护层的铜导线相互缠绕而成，一般用于星形网络拓扑结构中。与其他传输媒介相比，双绞线在传输距离、信道宽度和数据传输速度等方面均受到一定的限制，但其价格低廉，使用方便。

同轴电缆，其中心有一根单芯铜导线，铜导线外面是绝缘层，绝缘层外面有一层导电金属，用于屏蔽电磁干扰和防止辐射，最外面的绝缘塑料起保护作用。与双绞线相比，同轴电缆的抗干扰能力很强、屏蔽性能好、传输距离长，常用于设备与设备之间的连接。

光纤，又称光缆，是一种传输光束的细微而柔韧的介质，由一捆纤维组成，通过数据包在玻璃纤芯中的传播实现信息传播，是目前实现长距离、大流量数据传输的最有效的传输介质。光缆传输过程中信息衰减小、频带宽、电磁绝缘性能好、距离长，目前已经广泛用于主干网的系统连接和数据传输。

2）无线传输介质

无线传输介质是指我们周围的自由空间，即利用无线电波在自由空间的传播，能实现多种无线通信。在自由空间传输的电磁波根据频谱分为无线电波、微波、红外线、激光等，信息被加载在电磁波上进行传输。

不同的传输介质，其特性也各不相同。它们的特性对数据通信质量和通信速度有较大影响。

（2）网卡

网卡又称网络适配器、网络接口卡，是将计算机等网络设备连接到某网络上的通道。网卡的主要功能是实现数据转换、数据包的装配与拆装、网络存取与控制、数据缓存等。网卡一般插在计算机主板的扩展槽内，通过收发器接口与缆线连接，缆线另一头接在信息插座或交换机上使计算机联网。

选购网卡一般应考虑以下因素：生产厂家售后服务的有效性；用于主计算机、服务器还是工作站；使用什么网络介质或网络传输方式；计算机使用的操作系统；计算机或网络设备的总线类型等。目前，由于终端接入的便捷性，无线网卡正在快速发展。

（3）集线器

集线器是基于星形拓扑的接线点。其基本功能是分发信息，即将一个端口接收的所有信号向所有端口分发出去。一些集线器在分发之前将弱信号重新生成，一些集线器整理信号的时序，以提供所有端口间的同步数据通信。目前，集线器已基本被成本相近的小型交换机所替代。

（4）交换机

交换机是一种用于电信号转发的网络设备。它可以为接入交换机的任意两个网络节点提供独享的电信号通路，具有提供桥接能力以及在现存网络上增加带宽的功能。

（5）路由器

路由器是连接互联网中各局域网、广域网的设备，它会根据信道的情况自动选择和设定路由，以最佳路径，按前后顺序发送信号。目前，路由器已经广泛应用于各行各业，各种不同档次的路由器已成为实现各种骨干网内部连接、骨干网间互联和骨干网与互联网互联互通业务的主力军。无线路由器是带有无线覆盖功能的路由器，实际是一个转发器，将宽带网络信号通过天线方式转发给附近的笔记本电脑、平板电脑、手机等无线终端设备。目前流行的无线路由器一般只能支持 15 ～ 20 个以内的设备同时在线使用。

（6）光电转换器

光电转换器是一种类似数字调制解调器（MODEM）的设备，和 MODEM 不同的是它接入的是光纤专线，是光信号。其原理是在远距离传输信号时，把计算机、电话或传真等产生的电信号，转换成光信号后在光纤里传播，这就需要光电转换器，它既可以把电信号转换成光信号，也可以把光信号转换成电信号。

还有一种光纤收发器，也被称为光电转换器，是一种将短距离的双绞线电信号和长距离的光信号进行互换的以太网传输媒体转换单元。这种设备一般应用在以太网电缆无法覆盖、必须使用光纤来延长传输距离的实际网络环境中，且通常定位于宽带城域网的接入层应用，将光纤最后一公里线路连接到城域网和更外层的网络上。档案部门在进行网络化基础设施建设时，不但要关注路由器、交换机乃至网卡等用于节点数据交换的网络设备，也要关注介质转换这种非网络核心设备。

## （二）软件系统

软件是一系列按照特定顺序组织的计算机数据和指令的集合。计算机之所以"聪明"，主要靠软件。软件的本质是人的意志和智慧，是人用特定的计算机语言，指挥计算机系统"做什么"和"怎么做"的指令集合。软件系统分两大类：系统软件和应用软件。

1. 系统软件

系统软件包括操作系统、数据库管理系统和各种工具软件等。

（1）操作系统

操作系统是管理计算机硬件资源，控制其他程序运行并为用户提供交互操作界面的系统软件的集合。操作系统是计算机系统的关键组成部分，负责管理与配置内存、决定系统资源供需平衡调剂的优先次序、控制输入与输出设备、操作网络与管理文件系统等基本任务。性能优良的操作系统，能提高计算机系统的运行效率和安全性能；操作系统的低效或故障，会造成信息系统的低效甚至瘫痪。

操作系统按照应用领域可分为桌面操作系统、服务器操作系统和嵌入式操作系统。

1）桌面操作系统

桌面操作系统主要用于个人计算机。个人计算机主要有两类：PC 机与 Mac 机。PC 机一般使用 Windows 操作系统；Mac 机使用基于 Unix 操作系统的 Mac OS 操作系统。Windows 操作系统有 Windows XP、Windows Vista、Windows 7、Windows 8、Windows 10、Windows NT 等。Unix 操作系统主要有 Mac OSX、Linux 发行版等。

2）服务器操作系统

服务器操作系统一般指的是安装在大型计算机上的操作系统，如 Web 服务器、应用服务器和数据库服务器等。该操作系统主要有三类：一是 Unix 系列，包括 SUN Solaris、IBM-AIX、HP-UX、FreeBSD 等；二是 Linux 系列，包括 Red Hat、CentOS、Debian、Ubuntu 等；三是 Windows 系列，包括 Windows Server 2003、Windows Server 2008、Windows Server 2008 R2 等。

3）嵌入式操作系统

嵌入式操作系统是根据计算机应用的特定需要，如智能手机的应用，专门设计并嵌入在特定终端中的操作系统。该操作系统广泛应用于数码相机、手机、平板电脑、家用电器、医疗设备、交通灯、航空电子设备和工厂控制设备等各种电子设备。常用的嵌入式操作系统有 Linux、Windows Embedded、VxWorks 等，以及广泛应用在智能手机或平板电脑等电子产品上的 Android、iOS、Symbian、Windows Phone 和 Black Berry OS 等操作系统。

（2）数据库管理系统

为了应用计算机有效地管理和利用信息，人们需要将某些相关数据，如文书档案、科技档案的目录数据，按一定的方式进行组织管理，这就需要使用数据库和数据库管理软件。

数据库可以简单定义为以一定组织方式存储在一起的相关数据的集合。这些数据具有一定的结构，尽可能小的冗余度，与应用程序彼此独立，并能为数据库管理系统的所有用户共享。在信息化社会，数据库技术是各类信息系统的核心，是科学管理和有效利用信息资源的重要技术手段。数据库管理必须借助专用的软件——数据库管理系统。

数据库管理系统（Data Base Management System，DBMS），是操纵和管理数据库的一组软件，用于建立、使用和维护数据库。DBMS 具有以下功能：一是描述数据库，运用数据描述语言，定义数据库结构；二是管理数据库，控制用户的并发性访问，数据存储与更新，对数据进行检索、排序、统计等操作；三是维护数据库，确保数据库中数据的完整、安全和保密，数据备份和恢复，数据库性能监视等；四是数据通信，利用各种方法控制数据共享的权限，在确保数据安全的前提下广泛共享数据。

数据库按结构不同一般分层次型、网络型和关系型三种。目前，常用的数据库管理系统主要是指关系型数据库管理系统（RDBMS），主流产品有 SQL Server、Oracle、Sybase、FoxBASE 和 Informix 等。

选择 RDBMS 的目的是存储档案目录数据和电子文件原文数据，实现对档案数据的有效管理。为适应档案业务管理需要，选择 RDBMS 主要考虑以下几个重要因素。

①档案管理软件所采用的数据库管理系统。

②数据库管理系统在数据库建立、数据备份、分布式数据存储与管理等方面的功能。

③数据库管理系统使用的方便性、易操作性、兼容性与可维护性。

④数据库管理系统所能提供的大文本存储、全文检索等功能。

⑤数据访问是否遵循统一的标准，是否可实现与其他格式数据库文件的转换。

我国档案信息化早期多数应用 Foxbase 关系型数据库管理系统，以至于许多单位的早期档案数据库都以 DBF 格式保存。该数据库管理系统在 20 世纪 80 年代中期 PC 机中占主导地位（市场占有率高达 80%～85%），相继经历了 dBASE Ⅱ、dBASE Ⅲ、dBASE Ⅳ、FoxBASE、FoxPro、Visual FoxPro 等发展历程。其中，Visual FoxPro（VFP）又经过不断改良和版本升级，后来 VFP6.0 及其中文版被广泛使用。它是 32 位数据库开发系统，不仅使组织数据、定义数据库规则和建立应用程序等工作变得简单易行，并支持过程式编程技术，而且在语言方面做了强大的扩充，支持面向对象可视化编程技术，并拥有功能强大的可视化程序设计工具。然而，2007 年前后，微软宣布停止研发 VFP，VFP 9.0 是 VFP 系列最后一个官方版本。

（3）各种工具软件

工具软件是指为支持计算机软件的开发、维护、模拟、移植或管理而研制的软件系统。它是为专门目的而开发的，在软件工程范围内也就是为实现软件生存期中的各种处理活动（包括管理、开发和维护）的自动化和半自动化而开发的软件。开发工具软件的最终目的是提高软件生产率和改善软件运行的质量。

工具软件按照软件工程建设阶段可分为六类：模拟工具、开发工具、测试和评估工具、运行和维护工具、性能质量工具和程序设计支持工具。此外，还有许多辅助特定业务处理的工具软件，常用的有办公软件（如微软Office）、媒体播放器（如暴风影音）、媒体编辑器（如绘声绘影）、媒体格式转换器（如格式工厂）、图像浏览工具（如ACDSee）、截图工具（如HyperSnap）、图像/动画编辑工具（如Picasa）、通信工具（如QQ）、翻译软件（如金山词霸）、防火墙和杀毒软件（如金山毒霸）、阅读器（如CAJViewer）、输入法（如搜狗）、系统优化/保护工具（如Windows优化大师）、下载软件（如迅雷），等等。档案工作者熟悉和善于使用这些工具软件，往往可以解决档案业务处理中的一些大问题，起到"四两拨千斤"的效果。

事实上，Windows等操作系统也附带一定的工具软件，如负责系统优化、系统管理的软件，这一类的软件被称作系统工具。顾名思义，与系统软件类似，系统工具作用于系统软件，而不是应用软件。常见的有系统优化（磁盘的分区、磁盘的清理、磁盘碎片整理等）、系统管理（驱动等）以及系统还原等软件。

2. 应用软件

系统软件的特点是通用，它并不针对某一特定应用领域。应用软件的特点是专用，即针对特定的管理业务，并应用于某些专用领域的信息管理。如用于政府信息化的电子政务系统，用于企业信息化的电子商务系统，用于辅助行政办公和决策的办公自动化系统，用于机关档案室信息化的数字档案室系统，用于档案馆信息化的数字档案馆系统等。这里所指的应用软件具有以下特点：一是在特定的操作系统环境下，运用特定的软件工具研制而成；二是针对特定的信息处理需求和管理业务需求进行设计开发，且应用于特定的专业领域、行业、单位，或辅助特定的管理业务。

有些书将上述的工具软件，如Windows Office，甚至将数据库管理系统也列入应用软件的范畴。本书以"通用"和"专用"为区别的原则，还是将工具软件和数据库管理系统列为系统软件的范畴。其原因如下：第一，这些软件虽然也专用于某些用途，如媒体播放，但是，这种工具还是具有一定的通用性的，广泛应用于各个领域、行业和单位；第二，工具软件虽然也使用某些软件开发工具进行研制，但是，它也提供了二次开发的能力，可以作为各种应用软件的开发平台，如数据库管理系统。

（三）服务器

服务器，也称伺服器，承担档案信息化数据存储、管理和应用系统运行的任务，具有高速度、高可靠性、高性能、大容量存储等特点，为各用户端的访问提供各种共享服务。

服务器是网络环境中的高性能计算机。所谓高性能，是指服务器的构成虽然与一般计算机相似，但是它在稳定性、安全性、运行速度等方面都高于计算机，因为服务器的 CPU、芯片组、内存、磁盘系统等硬件配置都优于个人计算机。服务器接收网络上的其他计算机终端提交的服务请求，并提供相应的服务，为此，服务器必须具有承担和保障服务的能力。档案计算机网络系统建设可根据需要提供的功能、性能、数据量等配置一台或多台服务器。

服务器按照其提供的服务可以分为文件服务器、应用服务器、数据库服务器、Web 服务器等。由于档案管理系统的目录和全文数据量庞大，一般来说，应配置数据库服务器或文件服务器；如果涉及多媒体档案管理，为了提高系统性能，可以配置多媒体数据库服务器。此外，还可配置运行档案管理应用系统的应用服务器，不同级别或地域的档案部门可根据系统的规模各自配置或集中配置应用服务器；如需实现档案数据网上查询服务的，可配置 Web 服务器；如需加强档案馆安全管理的，可配置数据备份服务器；为了支持办公自动化系统中大量电子邮件发送的，也可配置专用的 E-mail 服务器等。

# 第二节　信息化与档案管理理论探究

## 一、信息化与档案工作

档案信息化不是简单地用计算机替代传统的手工作业，也不是将传统的管理方式复制到信息化平台上去。其本质上是档案工作和信息技术的结合，其成功与否也取决于这两者的融合，这种融合从概念到实践都是一场深刻的革命，赋予两者崭新的内涵。

### （一）档案信息化的内涵

科学的定义是档案信息化实践的理论基础，有利于全面理解档案信息化的目标和任务，有利于按照信息化的客观规律推进档案事业的科学发展。什么是档案信息化？学界有多种定义，不同的视角会有不同的理解。本书采用 2013 年 12 月出版的《大辞海》中的定义："档案信息化是指在国家档案行政管理部门的统筹规划和组织下，以档案信息资源建设为核心，以信息人才为依托，以法规、制度、标准为保障，全面应用现代信息技术，不断改革传统的档案管理模式，有效提高档案信息资源收集、管理和提供利用服务水平的过程"。该定义总结了我国档案信息化的基本经验和基本规律，其内涵如下。

1. 实行宏观管理和监督指导

档案信息化管理，必须由档案行政管理部门统筹规划和组织实施，实行宏观管理和监督指导。档案信息化不是单纯的计算机应用，也不是具体的档案业务，而是事关全局和影响深远的复杂的系统工程，需要人才、设备、资金等方面的支持，需要全面、持续、稳步地推进，并需要经历较长的完善过程。因此，档案信息化不能各自为政、分头建设，而必须由各级国家档案行政管理部门建立统一的规划、制度、规范、标准，实行宏观管理和监督指导。同时，需要精心组织实施，在技术平台、网络体系、组织机构、人才队伍、资源建设、基础业务、建设经费等方面提供保障，才能确保这项事业能够持续有效开展。

2. 以档案信息资源建设为核心

从某种意义上说，档案信息化的核心目标是使档案信息"资源化"，即将档案信息转换为真正意义上的档案信息资源。资源化不是简单地将档案信息做数字化处理，也不是简单地将其放到网络上传输，而是应用信息技术，使档案信息媒体多元化、内容有序化、配置集成化、质量最优化、价值最大化，通过档案信息系统的加工处理，确保各种社会信息的真实、完整、有效，便于跨越时空广泛地共享利用，在实现档案信息增值的同时，承担起传承人类记忆的历史使命。

3. 高素质档案信息人才队伍

必须建立高素质的档案信息人才队伍。档案信息化是档案专业、信息专业和计算机专业的结合，属于技术密集型和知识密集型专业。传统的档案干部队伍结构和人员知识结构已经不能完全适应档案信息化的需要。目前，档案部门缺乏档案专业和信息技术专业的复合型跨界人才，特别是中、高级信息技术专业人才，这已经成为制约档案信息化深入发展的瓶颈。因此，一方面，要引进和培养相关人才；另一方面，要通过建立有效的激励机制，鼓励档案人员学习信息技术知识，提升档案信息化水平。

4. 建立法规与制度方面的保障体系

必须在法规、制度、标准方面建立相应的保障体系。信息技术的应用必然向传统的保障体系提出全面的挑战。只有根据信息技术的特点和应用要求，不断制定和完善档案管理的法规、制度、标准、规范，才能确保档案信息系统的科学建设和有效运行。

### 5. 全面应用现代信息技术

信息技术具有强大的潜能，只有全面、成功地应用才能真正转化为生产力。所谓全面应用，有三层意思：一是与档案工作有关的各个工作部门和人员都要参与应用，而不是仅靠档案业务人员应用；二是应用于档案全过程管理的各项业务，而不是只应用于单项业务；三是引进、消化、吸收各种先进、适用的信息技术，并不断跟踪和应用新兴的信息技术，使信息技术真正成为档案事业发展的不竭动力。

### 6. 改革传统的档案管理模式

传统的档案管理模式建立在手工管理基础上，必然会出现与信息技术应用不相适应或不相匹配的问题。应当不断改革传统的档案管理模式，适应信息技术环境下的新型档案管理模式，而不能消极地让新技术适应传统的档案管理模式，这样才能最大限度地发挥信息技术应用的效能。

### 7. 树立强烈的效益意识

档案信息化不是作秀表演，不能徒有虚名，要遵循经济规律，力争取得务实的效果。当然，档案信息化很难估量直接的经济效益。但是，在产出效果方面，要努力追求社会效益、长远效益。要树立大目标，不能满足于一般的省人、省事、省力，而要致力于解决传统档案管理中遇到的收集难、著录难、整理难、保管难、内容检索难、多媒体编研难，以及电子文件的保真、保密、保用等老大难问题，力争提升档案科学化、规范化的管理水平和服务水平，在促进社会改革开放、经济发展、文化繁荣以及法制化、民主化进程中建功立业。

档案信息化的概念是在档案工作与信息技术相结合，档案管理理论研究和实践推进相结合的过程中逐步形成的。档案界曾经有过许多与档案信息化类似或相关的概念，都强调了某些侧面，如"档案管理自动化"，强调包括微机、微电子、缩微、复印、传真等自动化技术在档案管理中的应用；"计算机辅助档案管理"，强调应用计算机人机交互、对话的方式，辅助档案管理的各项业务工作；"档案现代化管理"，除了强调档案管理应用计算机技术，实现管理手段的现代化以外，还强调档案管理理念、体制、方法的现代化；"文档一体化管理"，强调运用文件生命周期的理论，从公文和档案管理工作的全局出发，应用计算机技术实现档案的全过程管理和前端控制，提高文档管理的效率和质量。这些与档案信息化相关的概念形成，都是计算机技术及其在档案工作中应用状态、发展水平的标志，既反映了档案信息化理论研究和实践探索的阶段性成果，也反映了我国档案信息化发展的轨迹。

## （二）档案信息化中的概念分析

### 1. 档案信息化资源

档案信息资源是管档之基，用档之源。按照档案信息化的要求，需要将电子档案收起来，将存量纸质档案数字化做起来，将档案信息资源总库建起来。做好这些工作，就能逐步解决目前馆藏档案中存在的载体单一、门类不全、存储无序、利用不便等难题，显著增强档案资源的丰裕度、适用度、有序度、集成度、可靠度，使档案管理从实体管理转变为内容信息管理，再转变为知识管理，更好地满足社会大众不断增长的档案信息利用需求。

### 2. 档案信息化管理

信息技术的应用，会暴露出传统管理模式的弊端，向传统管理模式提出挑战，从而促使档案管理部门加快建立与信息技术应用相适应的档案管理原则、体制、机制、规范和考核体系，加强档案收、管、用等各项基础工作，以保障档案信息化的顺利实施和建设成效。信息化管理水平越高，对改革传统管理观念和模式的要求也越高。因此，档案信息化的推进必将全面、持续地提升档案管理的现代化水平。

### 3. 档案信息化技术

先进和适用的技术永远是档案信息化发展的强大动力。然而，先进和适用有时会产生矛盾，只有进行档案信息化实践，才能使技术的先进性和适用性取得统一，产生效益，才能持续激励档案工作者关注、引进、吸收新兴的信息技术。事实证明，档案信息化：一方面能促使先进的信息技术与档案管理有机结合，对档案和档案工作产生带动和增值作用；另一方面也会使信息技术在档案需求的导向下日臻完善，促进信息产业的发展。

### 4. 档案信息化队伍

信息化是技术密集型、知识密集型的事业，档案信息化对高素质人才具有依赖性。档案信息化：一方面促使我们去选拔和培养人才，更新档案人才队伍的专业结构和知识结构，并合理地组织和使用人才，最大限度地调动人才的积极性；另一方面档案信息化的理论研究和实践锻炼，又为人才的培养和能力的发挥提供了机会和舞台，使越来越多热衷于、尽心于、擅长于信息技术的档案人才脱颖而出，创新创业。

### （三）档案信息化历程回眸

我国档案信息化自20世纪80年代起步以来，经历了从弱到强、从低端到高端、从分散到整合的发展过程，取得了长足的进步。迄今为止，大致可以划分为三个阶段。

#### 1.20世纪80年代

20世纪80年代，是档案信息化的探索起步与奠定基础阶段。这一阶段，计算机软硬件技术还处于初级阶段，数字化和网络化从概念到技术还未成熟，也未被认识。此时的档案信息化工作被称为"档案计算机管理""档案管理自动化"或"计算机辅助档案管理"，强调运用计算机技术改善和辅助传统的档案管理。在此期间，档案馆起步较早。1979年起，中央档案馆、中国人民解放军档案馆、国家档案局档案科学技术研究所等机构率先购置计算机设备，开始了档案管理自动化课题的研究和实验，至1985年底，全国已有20多个档案馆成功开发并运行计算机辅助档案管理系统。随后，企业档案部门对计算机应用热情高、发展快，至20世纪80年代末，研制出一批计算机辅助档案管理系统、文档一体化管理系统，利用技术创新和管理改革的结合充分发挥计算机应用效益。这些探索应用为我国档案信息化积累了宝贵的档案数据库资源，培养了一批热心于信息技术的业务技术骨干，也推进了档案信息化理论的发展。然而，当时在总体上尚处于探索、起步、奠基的阶段，应用的重点主要是在计算机单机上模拟传统的档案管理方式，辅助传统档案立卷、著录、编目、统计、检索等。多数档案部门尚未采用网络技术，计算机应用虽然在档案部门内部取得了较好的效果，但是对外界的影响较小。

我国档案信息化起步较早，发展较快主要得益于：一是微机技术迅猛发展，并在档案部门迅速普及；二是全国开展档案工作恢复整顿和升级达标活动，计算机应用被纳入档案工作升级达标考核指标；三是通过升级达标，各单位普遍建立、健全了档案管理规章制度和规范标准，提高了档案的内在管理质量，为档案信息化奠定了基础。

#### 2.20世纪90年代

20世纪90年代，是档案信息化的项目带动与重点突破阶段。20世纪90年代起，微软公司Windows操作系统伴随着奔腾系列微机技术的加速发展，Office

软件系统日益普及，办公自动化技术广泛应用，极大地激发了广大档案工作者应用信息技术的热情和需求。1993年，随着国家经济信息化战略的启动，电子政务系统的应用催生了大量电子文件；1996年，国家档案局成立了"电子文件归档研究领导小组"，开始对档案信息化建设进行宏观规划。全国档案部门以需求为导向，研制出一大批各具特色的档案信息系统；积极开展档案科研，成功地应用了光盘、多媒体、计算机辅助设计（CAD）、条形码、数字水印、图像处理等技术；系统建设从单点应用到联网应用，从单项应用到综合应用，从归档后管理到文件的前端控制和全过程管理，从单纯模拟传统管理方式转向改革管理，以适应计算机技术应用；从对档案实体的管理转向对档案信息的管理；从封闭式应用转向开放式应用，文档一体化管理系统与电子政务、电子商务、企业信息化、办公自动化系统相连接，向着功能综合化、性能成熟化、管理专业化、传播网络化方向发展，计算机技术的应用效益进一步显现。

### 3. 21世纪以来

21世纪以来，档案信息化进入了宏观管理与全面推进阶段。进入21世纪，国家档案局加强了对档案信息化的宏观管理，并将其纳入国民经济和社会信息化的总体规划。2001年，国家档案局、中央档案馆颁发《档案管理软件功能要求暂行规定》，对档案管理软件的开发研制和安装使用进行了严格规范。2002年，国家档案局发布了《全国档案信息化建设实施纲要》（档发〔2002〕8号），对档案信息化建设进行战略布局；同年，颁发国家标准《电子文件归档与管理规范》（GB/T 18894—2002），推动了我国电子文件管理工作的开展。2003年，国家档案局第6号令公布了《电子公文归档管理暂行办法》。2004年11月，国家信息化领导小组会议纪要中明确把档案信息化列入国家信息化基础信息库的建设计划。2006年，国家档案局印发的《档案事业发展"十一五"规划》中，将"建设较大规模的全国性、系统性、分布式、规范化的档案信息资源库群，建立一批电子文件中心和数字档案馆，实现档案信息资源社会共享"作为总体目标之一。2010年，国家档案局发布了《数字档案馆建设指南》，为各级档案馆推动馆藏档案资源数字化、增量档案电子化，逐步实现对数字档案信息资源的网络化管理以及分层次多渠道提供档案信息资源利用和社会共享服务提供了参考和依据。2011年，《全国档案事业发展"十二五"规划》将"加快数字档案馆及电子文件（档案）备份中心建设，完成国家数字档案馆建设总体规划的编制工作，对电子档案进行安全有效的管理"作为主要目标之一。2014年，国家档案局发布了《数字档案室建设指南》，推动数字档案室建设的开展。

在国家档案局的统一规划和规范指导下，我国档案信息化向纵深发展：档案馆（室）藏档案数字化、电子文件归档管理、电子档案移交进馆、档案目录中心建设、馆藏档案数字化、档案公共网站建设，以及数字档案馆、数字档案室建设等蓬勃开展。以档案馆室联动、馆社（社区）联动、馆际联动为标志的集成化数字档案馆和数字档案室系统相继建立，各自为政、分头建设的应用局面有所改变。在档案信息资源整合的基础上，档案信息共享范围有所扩大，数字档案信息资源的安全控制能力和有效服务能力进一步增强，通过档案信息化和社会信息化同步推进，促进了档案事业和社会各项事业的联动发展。

这一阶段的档案信息化建设具有以下特点和成功经验。一是突出了归档电子文件管理，并延伸到多媒体档案和电子文件的内容管理。二是充分借助局域网、政务网和互联网平台实现各级档案部门以及文件形成部门的互联互通、数据交换和共享，形成区域性的档案信息资源库。三是信息来源大大拓展，可以利用各种技术手段，实现有价值的档案信息资源（包括实体和电子）的采集和接收，既解决了原业务流程以单一传统载体为管理对象的局面，也大大丰富了档案信息资源库。四是服务水平显著提升，通过对档案信息资源的深度挖掘，提炼出不同角度和不同用途的信息资源，通过不同途径面向不同用户提供全方位、多角度、深层次的档案信息服务。五是数字档案馆（室）建设如火如荼，如深圳市、青岛市率先启动数字档案馆建设；上海市通过数字档案馆建设实现民生档案远程协同服务，建立"馆室、馆社、馆际"三联动机制；北京市档案馆实行可公开档案的大规模数字化工作及推进面向社会的服务。六是逐步建立和完善了档案信息化的宏观管理体系，国家层面的档案信息化纲要、制度、规范、标准相继颁发，其他档案工作规划、制度、规范、标准也都融入了有关档案信息化的要求。

## （四）档案信息化的意义

档案信息化建设无论对于档案事业自身发展，还是社会信息化发展都具有十分重要的现实意义和深远的历史意义。

### 1. 社会信息化建设的客观要求

人类已经进入崭新的信息社会。信息化已经成为衡量一个国家、地区、企业或专业综合实力的重要标志，各行各业都在贯彻实施信息化战略。档案事业发展也必须主动适应时代潮流，搭上信息化快车，加快现代化步伐。

社会信息化包括政府、企业、家庭、社会保障体系信息化四大领域。这四个信息化都离不开档案信息化，因为这些领域的信息化已经或正在形成浩瀚的电子文件，这些新型文件打破了纸质媒体一统天下的局面，使信息的存储媒体、传播媒体、表现媒体呈现多元化发展态势。新媒体与传统媒体相融合，深入社会生活的各个领域，深刻地改变着人类的生存环境和生活方式，并留下精彩纷呈的数字记忆。这些记忆是社会的宝贵财富，迫切需要实行档案化管理，即采用信息技术手段进行收集、整合、保管和共享利用，以提高其整合度，延长其价值链，保障社会的全面、协调、可持续发展。因此，档案信息化是时代和社会信息化发展的客观需要。

2. 档案工作现代化的必由之路

档案工作现代化是指用科学的思想、组织、方法和手段，对档案工作进行有效管理，使之获得最佳的工作效率、经济效益和社会效益的过程。信息化与档案工作的结合，不仅能减轻手工劳动强度，提高工作效率，而且能全面优化档案工作的各个要素，全面提升档案管理水平。

3. 提升传统档案资源开发的价值

档案资源从深层次上说，能够反映社会的发展。其与社会发展是不可分割的，具有一定的社会价值。传统档案管理模式，由于管理的方式不够完善，使得档案本身无法被更多的人发觉，使档案无法进行再次利用。档案价值变低了，没有办法发挥它应该发挥的价值。当档案资源面临着没有办法开发时，信息化管理模式能够实现对纸质档案数字化的处理，通过数字化处理发布到一些平台中，满足人们对档案的需求。数字化档案管理能够容纳档案的容量，能够保证档案的准确性以及标准性。这种管理模式对档案资源的开发，以及对档案资源的利用有长远的影响。

4. 向智能化与一体化方向发展

档案管理模式向智能化方向发展，使档案管理变得一体化。我们都知道，如今的信息技术影响着人们生活的方方面面，档案管理领域可以引入信息技术，以提高对信息技术创新的重视度，利用信息技术的手段，促进传统档案管理模式转变为更加先进的管理模式。信息技术能够加快数字化目录以及检索系统的建立。在对信息进行查找的时候，我们可以通过目录或者检索系统进行快速查找，使档案资源能够快速被人们收集以及检索，使整个管理系统变得一体化，促进了档案管理由人工模式转向智能化模式发展的步伐。

5.加强档案服务水平的必然选择

档案管理服务水平的提升，能够使档案管理达到精细化。在传统的管理方式中，档案人员借助简单工具，通过手工方式对档案实体进行收、管、用。其局限性在于：只能通过档案实体（如文件、案卷、卷盒）的整理、存放、调用和传递，管理和利用档案的内容；用户利用档案，只能实时（上班时间）、实地（在阅览室）调用档案实体（案卷）进行查阅；档案信息难以脱离档案实体，灵活、高效地跨越时空，广泛共享。信息化时代的档案利用可以突破原有档案利用的局限，提高档案信息资源的利用效率。

（1）直接查阅内容

电子档案信息内容和实体的可分离性，使我们可直接对档案信息内容进行灵活的分类、排序和组合，利用计算机检索途径多、能力强的优势，快速查找；同时，还能实现对档案信息内容的全文检索。

（2）提供多媒体信息

可以采用多媒体技术来提供多媒体档案信息，真正做到让记忆说话，让记忆显影，生动逼真地还原历史。

（3）跨越时空障碍

档案信息化系统可以借助互联网，将任何档案信息，在任何时间，传递到任何地点的任何人手中，彻底打破了档案信息传递的时空障碍，实现"全天候"服务。

（4）实现联动服务

通过网络将档案服务的主体，包括档案馆、档案室、社区事务受理服务中心的档案资源连成整体，通过数据集成的手段，在馆室联动、馆社联动、馆际联动的基础上，实现档案信息的"一站式""一口式"或"一门式"服务。联动服务在民生档案服务中特别有效。

（5）服务的多样性

信息技术，特别是网络技术的应用，极大地拓宽了服务主体、服务对象、服务手段、服务形式和服务媒体，如网站查询服务、电话咨询服务、微博微信服务、个性化推送服务、主题展览服务等，使服务真正做到以用户为中心，以需求为导向，进一步改善档案部门的服务形象。

档案信息化能够为人们带来更好的体验。通过更加人性化以及更加智能化的网络服务平台，可以让查阅者根据自身的需求，有针对性地对档案进行查找，而不是花费了大量的精力，还是查找不出具有针对性的档案。利用者可以根据网络平台提出自己的意见和建议，从而使档案管理变得更加优化。只有深入了解群众的需求，档案管理水平才能够不断提高，才能够向着人们需求的方向进行完善与发展。

由此可见，档案信息化建设对社会发展的意义是不容忽视的，作为档案管理人员应该充分认识档案管理信息化建设的意义。我国虽然已经开始引用信息化来进行档案的管理，但是在具体的实践过程中，仍有一些不足。档案管理制度应该如何进行完善是我们要注意的问题。在档案管理工作中，还存在档案管理制度不够科学有效、档案资源利用的程度较低、档案信息在储存时很难实现其持久性等问题。同时，我们需要认识到档案信息化不是一般意义上的档案工作，而是档案事业发展的战略性举措，即关于档案事业发展的全局性、长远性谋划。战略思维是大智慧，战略谋划是大手笔，只有战略正确、任务明确，才能保障档案信息化既好又快地发展。但是要想制定正确的战略和任务就必须充分认识与深入了解档案信息化。

## 二、大数据环境下的档案管理

### （一）大数据环境下档案管理信息化建设

如今，大数据得到迅速发展，人们对大数据技术日益关注，这也推动了大数据技术在档案管理工作中的运用。档案管理是管理工作中的重要内容，加强信息化建设并与大数据有效结合，能够有效提高档案管理工作的水平，也是实现档案管理现代化发展的必要途径。下面针对大数据环境下的档案管理信息化建设进行分析，以期对档案管理工作的开展提供帮助。

#### 1. 重要性

在大数据环境下，由于档案管理工作涉及大量的数据，这对数据的收集、整理、分析、存储与传递造成了一定的难度。传统档案纸质管理方式存在滞后性、不准确性、效率低下和易受外界因素影响等缺点，已经不能满足目前档案管理的发展需求，因此就需要实现档案管理信息化建设，为档案管理工作提供现代化的手段，这也是档案管理工作适应信息时代发展的必然要求。同时，档案管理中的大量数据信息具有很大的利用价值，在传统纸质的档案管理中，对档案信息的利用需要复杂的程序，如证明的出具、调阅、答疑、编写、记录和审核等，工作进展十分缓慢，且不能实现对档案信息的深度挖掘和分析。通过档案管理信息化建设，则能够实现对档案资源利用率的有效提升。信息化管理手段可以实现对档案信息的高效整合，通过大数据能够对档案资源实现精准快速的分析，简化档案利用流程，从而更好地发挥档案数据的价值。

2.建设情况

在大数据的环境下，对档案管理工作提出了更高的要求，而通过档案管理信息化建设，大量档案数据和资源能够实现有效接收，并对数字化形成的电子文件与数据实现远程利用，同时也给数据分析和在线编研等奠定了基础。在档案管理信息化建设中，尽管为档案管理工作提供了良好的条件，但目前还存在诸多问题，如档案数据信息的隐私性问题、档案数据信息的安全性问题和信息的聚合出现属性的变化等，且档案管理人员在信息化和数据化使用中也存在未能完全落实和效率不高等问题。

大数据的环境对档案管理工作产生了很大冲击，而档案管理的信息化建设是一项十分复杂和系统性的工程，在建设中需要对规模、权限、设备和人员等各方面情况实施全局和统筹考虑。在信息化建设中，要求有先进设备及高素质的人才支持，且大数据档案管理的信息化还需要借助计算机、互联网等技术，通过云计算、磁盘和虚拟信息存储等手段对电子化档案信息实施采集、加工和传输等，且对安全性提出了很高要求。而现阶段的档案管理信息化建设中，对网络的搭建、设备的配置、系统的研发等还存在资金与技术投入的不足的问题，且在档案管理中对档案信息缺乏安全意识，这些都影响档案信息化效果的发挥。

3.建设措施

（1）树立信息化管理理念，加强信息化设施建设

在档案管理工作中，要促进信息化的有效建设，就需要相关人员具备良好的信息化管理理念，对大数据和信息化等技术价值有深入的认识，并积极学习、真正掌握，从而推动档案管理朝着信息化的方向发展。基于此，要加强档案管理信息化设施的建设，只有保证具备良好的信息化设施，才能够有效发挥信息化在档案管理中的作用。在信息化设施的建设中，主要包括硬件部分和软件部分，对硬件部分要配置完善的处理设施与仪器，如计算机、扫描仪和路由器等，打造良好的信息化硬件环境，而对软件部分要按照需求做好对信息化管理系统和管理平台的构建，提高档案管理的信息化水平，实现档案的信息化、智能化和网络化管理的目的。

（2）构建档案管理数据库，加强档案数据信息应用

在档案管理中，对档案信息一直存在利用方面的问题。而要促进档案数据信

息的有效利用，就需要构建档案管理数据库，借助大数据技术实现对档案信息的有效采集与深入分析，在丰富档案信息化系统内信息数据资料的同时，实现对信息数据应用范围的拓展。在档案管理数据库内，要做好对基础信息的采集，如人事档案中要做好对人事姓名、职称、性别、履历等数据的收录，对人事业绩成果、培训和实践等数据进行实时采集，并和办公自动系统以及考勤系统等建立接口，实现对人事日常的办公数据实时录入，从而完善数据库内的信息数据。在数据库的建立过程中，要做好对档案信息资源的有效整合，管理系统要对档案号、分类、模板设置、统计、流程的制定、检索和利用、元数据的管理等模块实施构建，且对各个模块控制权限进行限定，对非机密性档案信息可以在平台内公布。另外，要进一步开发数据库的功能，对身份管理、在线浏览、检索和打印等实现功能增加，且能够借助定向和定量分析对档案信息实施预测，并对预测的结果进行评价和修正，从而更好地发挥档案信息的服务功能。

（3）健全档案信息化管理制度，强化档案安全防护

在档案管理信息化建设中，信息化管理制度建设也是重要的部分。健全信息化的管理制度与规范，能够有效保证电子档案的安全性以及可靠性。首先，要建立统一的电子档案的编码管理制度，实现对电子档案的格式保存和传递方式的有效统一，避免因为系统内档案格式以及传递方式存在不同而影响其接收、整理等工作。其次，在档案管理中要建立规范编制制度，对文件的信息收发记录单实施规范编制，对各部门间的电子资料实施详细记录，这样有益于实现电子档案的规范化管理，提高工作效率。再次，在档案管理中还要建立档案管理流程与标准，借助档案学的方法和原理对数字化的档案实施分类管理和储存，并明确管理内容和管理责任。最后，安全防护的制度建立也是至关重要的。在对档案信息化的管理系统使用前要通过科学方法对其应用的范围实施管理，如客户权限的控制和信息库备份等，借助入侵检测以及数据加密的方法对内部的网络问题加强控制与处理，对黑客攻击做好防范，确保档案具有良好的安全性。

## （二）基于大数据的电子文件归档与管理

互联网、大数据、云计算等现代信息技术在我国得到了广泛的应用。在这样的时代背景下，档案管理工作也获得了新的发展契机。但是由于技术与管理的局限性，导致电子文件在收集、存储、归档、管理等过程中存在收集不完整、归档时间滞后、利用效率低下等难以解决的困难。因此如何在这样的背景下，抓住时机，创新电子文件归档和电子档案管理新模式，建立符合大数据时代的电子文件归档和电子档案管理发展新局面，是广大相关工作者需要重点思考的内容。

利用信息技术等手段对电子文件和电子档案管理进行可靠接收、科学保存、有效应用，达到保证电子文件来源可靠、管理可信、长期可用的目的，已受到各方关注与认可，成为时代发展的必经之路。

1. 以大数据为背景的发展趋势

将国家档案管理信息化体系建设战略首次写入《档案法》中，标志着我国档案管理信息化体系建设从重大项目首批试点到逐步全面推广的重要战略转变。各级档案馆、政府机构、企事业单位、社会团体应积极深入推进我国档案信息化提出的"电子档案应当来源可靠、程序规范、要素合规"的明确要求和规定。

2. 电子文件归档和电子档案管理的重要性

由于我国传统档案多数是纸质形式，这样增加了档案管理的工作量。而电子档案的发展与应用，不但可以有效地解决档案长期存放问题，还利于档案查阅和利用。因此，在智慧档案大数据技术的基础上，做好电子文件归档和电子档案管理工作将尤为重要。

（1）电子档案能够节约管理成本，提高管理利用效率

随着时代的发展，电子档案的存储方式逐步由纸质存储到磁盘、光盘存储介质，再向云存储方式转化，改变了传统的存储方式。与传统纸质档案管理相比，电子档案的管理和存放使用成本也相对低，并且对国家档案馆的保管场所也没那么严格的要求。基于这种技术优势，档案的管理利用也是可在较短的时间内完成的，避免了传统纸质档案查询处理速度慢、调阅工作时间长等弊端，极大地节约了档案存储成本，提升了档案管理利用效率。

（2）电子档案保管时间长，不受自然条件限制

电子档案和纸质档案最明显的不同之处就是可以直接进行互联网传输，运用云存储方式对其进行实时的存储管理，最大限度地确保了电子档案的安全性和有效性，避免了档案在实际存档的过程当中因为保管环境的安全性等问题而直接造成档案的遗漏、丢失、损害等问题。所以，电子档案相对于纸质档案来说，保管期更长，利用难度降低，使档案的管理应用更加便捷、快速。

3. 电子文件归档和电子档案管理发展过程中存在的问题

虽然我国对于电子档案的归档与管理在技术上都有了很大的进步，但由于种种原因，目前尚未形成科学、高效的对于电子档案进行归档与管理的体系，大量的电子档案还没有能够得到完善保管，存在着失控、丢弃、失信、错误使用、遗漏等问题。

（1）电子文件管理安全性有待提高

无论是纸质文件，还是电子文件，都存在一定的安全隐患，我们不能因电子文件存在安全隐患，就退而避之，而是应该思考如何防止电子文件管理、传输过程的安全风险。就算是纸质文件，我们依然无法保证绝对安全，只能做到将可预见的风险降到最低，而电子文件也如此，当前针对电子文件安全策略的研究仅处于起步阶段，无法满足电子文件归档和电子档案管理发展需求。

（2）电子文件凭证力不高

现在真正制约电子文件单轨制发展的已不再是证据力问题，而是凭证力问题。以电子商业发票为例，在法律适用层面角度来看，电子商业发票虽然具有与纸质发票同等的法律效力，但在多数企事业单位的应用中，尚未成为业务凭证和依据；同样，电子签名、电子签章虽然已列入法律法规中，得到了认可，但由于其技术发展限制，并未得到政府机构、企事业单位的认同，不能成为事务办理的凭证和依据。

（3）档案部门与业务部门衔接较差

目前，各业务系统与档案系统在日常工作中实时数据交互差，传统的业务部门对各业务档案归档通常都在年底将实体文件移交档案部门，档案部门相关人员还要对移交的文件整理、录入、扫描，经过一系列的流程最终数据进入档案系统，这样操作就无法减少人为因素干扰，保证电子档案来源真实可靠。

4. 电子文件归档和电子档案管理创新模式

电子文件归档与电子档案管理是管理活动中必不可少的一步，但又往往得不到高度重视。因此，档案管理工作通常被放到了各项政务工作的最后一个环节。但这样的工作思路却会导致档案管理工作陷入一种被动的局面，出现档案信息资料不完善或者不规范等问题，因此，如何创新电子文件归档和电子档案管理模式已迫在眉睫。

①利用档案大数据技术采集业务数据，保证电子文件信息来源可靠性。为保证电子文件信息来源的可靠性，在电子政务专网内，研究利用档案大数据技术，在人工授权情况下，通过 RFID 数据、传感器数据及移动互联网数据等方式，直接抓取采集各业务应用系统以及物联网设施设备的数据，获取第一手档案数据资源，尽量减少或排除人为干扰因素，实现电子文件从采集到归档的全生命周期管控，保证电子文件信息数据来源真实可靠。

②利用认证中心（CA）认证和碎片加密算法，保证电子文件管理程序的规

范性。为响应国家标准 GB/T 18894-2016 中关于全程管理、标准规范等管理原则的规定，可以利用 CA 认证等方式，为相关业务人员提供配备电子身份密匙（Ukey），在业务管理流程中通过 Ukey 进行可靠的电子签名、电子签章、电子档案借阅、归档、电子档案利用等功能，保证主体和内容的真实性，防止电子文件被篡改，并能够通过实时记录功能对操作人员、操作时间、操作内容等进行溯源。

　　同时，在电子文件归档和电子档案管理过程中，可以利用碎片加密算法对电子档案数据进行加密处理，以防止外部修改原始数据，同时可以在电子档案被非法篡改时进行实时预警，及时采取防护措施，从而保证电子档案的不可更改性。通过电子文件归档管理过程规范，解决电子文件"收、管、存、用"整个生命周期存储载体、存储格式等不断变化的难题，从而保证电子文件归档和电子档案管理流程的规范性。

　　③通过元数据管理，保证电子文件要素的合规性。为了保证不同类型的电子文件（如文本、静态图片、音频、视频、工程设计矢量图、三维电子文件等）归档和管理的基本要素的合规性，可以采取实时留存元数据的管理方法，确保电子档案信息的安全、完整、真实、可用，符合对电子档案归档管理的要求。

# 第三章　档案管理与信息化建设的结合

本章为档案管理与信息化建设的结合，主要对档案管理与信息化建设的结合路径进行了分析，从档案信息化管理的技术应用、档案信息化管理的体系建设、档案信息化管理案例三个方面展开论述。

## 第一节　档案信息化管理的技术应用

对于档案信息化管理建设，可以从技术方面进行分析。信息技术对档案工作的影响是"双刃剑"。只有正确认识和科学应用信息技术，才能趋利避害，给档案工作发展带来正能量。信息技术在档案信息化领域中的应用前景十分宽广，具体如下。

### 一、影像技术

影像技术包括数码相机、摄像机管理、多媒体、流媒体、3D展示、数码压缩、触摸屏等技术，该技术对档案信息化管理的影响如下。

①影像清晰度的日益提高，使多媒体档案的记录质量和利用价值进一步提升，为档案的编研和社会服务开辟了新的领域。同时也使影像档案存储更加海量化，对档案的收集、整理和长期有效保存提出了新的挑战，并对档案存储密度和档案信息传输的带宽提出了更高的要求。

②流媒体、多媒体和数码压缩技术的日益发展，将使多媒体档案的网络传播速度更快，编辑效率也更高，终端播放更加流畅。

③多媒体编辑工具的功能日益强大，并向移动终端延伸，为档案多媒体编研技术的普及创造了条件，也将促进档案多媒体编研工作的广泛开展。

④3D展示技术提供了档案虚拟展览手段，在档案信息的网络展览和社会化传播方面将有广阔的用武之地。

## 二、图像采集与识别技术

为了适应多媒体和全媒体技术的飞速发展，近年来计算机图像采集与识别技术日新月异。

### （一）图像采集技术

数码摄影、摄像、扫描等图像采集设备的功能日益强大，使用日益便捷，由此催生了海量的、高质量的图像信息。一方面，使多媒体档案的收集、整理、保管、保护面临巨大的压力和难题；另一方面，使档案资源增添大量生动直观的优质信息资源，弥补了传统文字档案可视化不足的缺陷。

### （二）识别技术

生物识别、图像识别、磁卡识别、电子标签等识别技术的日益成熟和成本的降低，为档案信息化的应用创造了充分的条件，在辅助档案实体的档案进出库登记、借阅登记、归还登记、入库档案清点、档案库房安全管理工作等方面有广阔的应用前景。

### （三）手机二维码技术

该技术已经广泛应用于社会各领域，也可用于档案用户身份识别、文件防伪和网站快速定位等，可显著提高档案信息主动推送和档案网站快速访问的效率，进一步促进档案事业的社会化。

### （四）光学字符识别

光学字符识别（OCR）技术能使图像信息迅速转换为文字信息，便于将目前大量扫描形成的图像档案文件转换为档案大数据，便于当代大数据技术的应用，为档案的内容管理和全文检索奠定宝贵的基础。

## 三、移动终端技术

移动终端技术包括 5G 通信技术、移动电视、平板电脑、电子阅读器技术等。该技术对档案信息化有着以下重要影响。

①基于 5G 通信的移动技术，使过去的移动脱机终端向移动互联网终端发展，可将任何公开的档案信息在任何时候提供给任何地点的档案用户，使档案利用彻底打破时空障碍。

②终端的移动性更强，智能化程度更高。智能手机、平板电脑、电子阅读器

等性价比迅速提升，使档案的远程移动检索成为可能。

③智能终端操作系统及应用技术迅猛发展，为档案信息采集、处理、编辑、利用、传播提供了丰富的功能，也为档案事业发展提供有力的技术支持。

④人机交互技术日益更新，包括触屏技术、语音处理技术、体感动作识别技术等使移动终端的用户界面更加友好，吸引了越来越多的档案用户，进一步扩大了档案工作的社会影响力。

## 四、融合技术

融合技术包括三网融合、三机合一和物联网技术。"三网融合"是指电信网、广播电视网、互联网三类网络的融合。"三机合一"是指电视机、计算机、手机三类终端之间的信息互联及功能优势互补。"三网融合"是"三机合一"的基础。物联网是物物相连的互联网，其核心和基础仍然是互联网，可通过识别器、传感器、控制器等技术实现人与物、物与物之间相连。该技术对档案信息化的影响如下。

①使网络用户遍及社会生活的各个领域，档案信息系统只要搭上三网融合、三机合一的平台，就将显著提升其社会影响力。

②使多媒体信息的制作、编辑、传递、检索更加方便快捷，同时为多媒体信息的广泛传播及开发、利用提供了先进的平台。

③有利于减少基础建设投入，简化网络管理，降低维护成本，进一步提高网络资源共享利用水平。

④物联网将进一步提高档案自动化管理水平，在自动调阅档案、手机遥测并控制档案库房温湿度等方面有广阔的应用前景。

## 五、云计算技术

云计算主要应用于大型数据计算领域，在涉及大量数据处理时应用云计算可以极大地提高工作效率。档案的信息化建设是一项十分重要的工作，档案管理工作艰巨而复杂，将云计算技术引入档案的信息化建设中来，可使数据处理效率提高并使存储安全性显著增强，是档案管理信息化建设过程中应采取的一项重要举措，对于档案的信息化建设具有重要的战略意义。下面将分析云计算系统功能架构，阐述基于云计算的档案信息化系统的优势，勾勒一个功能完善的基于云计算的档案信息化系统。

## （一）云计算技术的内涵

云计算技术是目前信息技术领域的研究热点之一，也是社会各界关注的焦点。云计算是基于已存在的网格计算、分布式计算、并行计算、效用计算、虚拟化技术等提出的一种新的计算模式与服务模式。云计算通过网络将某计算作业分布到很多的分布式计算机上。通过网络中央虚拟化的资源池，用户能够根据自己的需求将资源切换到不同的应用服务上，并根据自己的需求访问不同的计算资源和存储系统。作为下一代的并行分布式计算，云计算利用互联网将海量的计算资源、存储资源、软件资源等各种不同的离散资源聚合在一起。虚拟化为规模巨大的虚拟资源池的统一管理和对外服务提供了强有力的手段，并形成了一种以用户为中心的"按需求量付费"的商业服务模式。在这种模式下，无论在什么时候、什么地方，利用什么终端设备，用户只需在需要的时候连接到互联网，就可以获得它提供的相应服务，并为该服务缴付相应的费用，就像使用水、电一样方便。

## （二）云计算应用于档案信息化系统的意义

档案在信息化的过程中可能面临着收集不齐全、整理不规范、利用率低等问题。云计算具有存储安全性强、数据分析处理性强、数据利用效率高等特点，可以简化档案信息化过程，并能更好地实现档案的收集、存储和使用。

档案信息化过程往往需要耗费大量的人力、物力，而在云计算模式下，数据存储处理和服务可由云平台提供。使用云计算技术只需投入少量的管理终端和云接入设备，节省了资金。

云服务提供商还可以提供日常维护服务，保证了档案的安全管理和高效使用。首先，云计算的应用可以实现档案信息资源的全面收集整合，繁杂的信息收集过程通过云计算的高效、快速处理变得简单，通过具有强大数据存储处理功能的平台实现了海量存储、有效管理和全面整合。其次，还可以提高档案信息利用率。通过云平台可以随时随地进行档案管理与使用，脱离了单一机器设备，使得档案信息管理更加灵活。云环境下的管理者和使用者可以更加便利地进行信息共享和传递，使档案信息化不局限于局部系统中，大大提高了档案信息资源利用率。最后，云计算的使用还可以缓解人员压力。档案专业人员缺乏问题较为严重，使用云计算可以简化操作，方便非专业工作人员操作。

## （三）系统架构设计

云计算包含三个层次的服务：基础设施层，基础设施即服务（IaaS）；平台层，平台即服务（PaaS）；应用层，软件即服务（SaaS），分别是厂商提供基础设施获得的服务、软件开发平台提供的服务和软件应用提供的服务。针对这三个层次的服务提出的系统架构设计如图 3-1-1 所示。

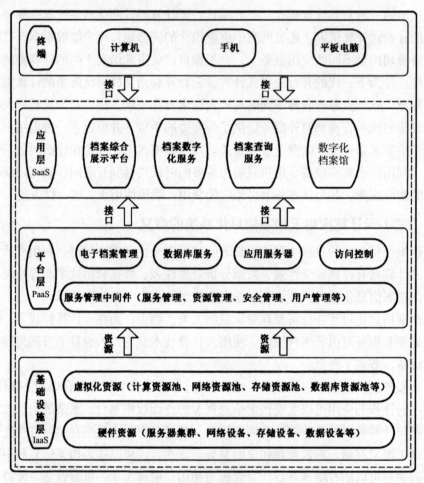

图 3-1-1　系统的架构设计图

①基础设施层。这一层主要提供整个系统的各项资源。运用虚拟化技术可以进行资源逻辑切分，形成多种资源池，有利于档案信息的备份、移动和复制。

②平台层。这一层主要提供多种档案信息共享应用，通过服务管理中间件，可以整合现有的应用程序并可以运行新的应用，实现档案接收、档案管理、档案查阅等功能。

③应用层。这一层提供各项针对用户的档案信息服务，根据其需求提供相应

的应用服务。例如，提供档案综合展示平台、档案数字化服务、档案查询服务、数字化档案馆等。

### （四）系统功能实现

档案信息化系统建立在云计算技术基础上，能够对档案按信息进行收集、使用和管理。它将云计算的优势运用于档案信息化建设，通过两者的结合实现了档案信息的安全存储、便捷使用和资源共享。

基础服务器、网络连接和存储设备所需的硬件和基础软件可由云服务提供商提供，节省了各个相关组织等在这方面的人力、财力和物力投入。档案信息化系统：可以提供维护和管理服务，为整个系统的运行提供保障；可以大大降低档案馆用于升级档案管理服务器带来的开销。

## 六、存储技术

随着数字信息存储技术的飞速发展，涌现出存储区域网络、网络附属存储、云存储、固态硬盘、存储卡、磁盘阵列、磁带库、光盘、光盘塔、光盘库等新型存储技术和存储设备。该技术对档案信息化有着重要影响。

### （一）海量化存储技术

海量化存储技术的特点是存储海量化、载体密集化。其存取快捷化，一方面更有利于发挥大数据电子文件存储密集、传播方便的优势，有利于大容量多媒体电子档案的长期保存；另一方面也增加了电子档案信息失窃、失落、失真、失密的风险，使电子文件安全保管面临更大的挑战。

### （二）集群存储技术

多台服务器"团队作业"的集群存储技术能显著提高档案信息系统的快捷性、稳定性和灵活性，有利于大数据档案的安全存储、高效处理和广泛共享。

### （三）自动采集元数据技术

如今计算机的各种移动终端都可以为我们的操作行为自动留痕。手机和相机的摄影、摄像都可以自动记录拍摄的日期、位置（GPS信号）、版权等元数据，有效地保护、管理和利用这些信息，可以使电子文件元数据管理真正从理论探索走向实践，显著增强电子文件的真实性、完整性、有效性和还原历史的能力，由此确保电子文件的档案价值。

## （四）固态硬盘技术

固态硬盘技术的普及将使信息存储更加稳定、处理更加快捷，也使移动终端更加轻便、省电。这将有利于档案数字化信息的长期保存和保护，同时也将加速档案服务终端的移动化进程。

## （五）云存储技术

云存储是指通过集群应用、网络技术或分布式文件系统等功能，将网络中大量不同类型的存储设备通过应用软件集合起来协同工作，共同对外提供数据存储和业务访问功能的一个系统。云存储有以下三种。

### 1. 公有云存储

公有云存储是为大规模、多用户而设计的云存储平台。其所有组件都建立在共享基础设施上，通过虚拟化、数据访问、管理等技术对公共存储设备进行逻辑分区，按需分配。其优点是有助于用户减轻存储的成本和管理的负担；缺点是放在公有云上的信息容易被入侵、窃取、破坏。

### 2. 私有云存储

私有云存储，也称为内部云存储，是针对特定用户设计的云存储，它运行在数据中心的专用存储设备上，可以满足安全性能的需求。其缺点是可扩展性相对较差。因此，私有云存储更适合具有高标准安全性需求与性能需求的数据中心建设。

### 3. 混合云存储

混合云存储是为了弥补公有云和私有云存储的缺陷，兼备两者的优点而设计的云存储架构。它既包含能接入公共网，提供广泛的应用和服务的公有云存储，又包括建立在内部网，面向某专业业务应用，采取严格安全管理措施的私有云存储。其目标是在公有云上存储开放的、需要面向社会的、广泛共享的档案信息；在私有云上存储需要保密或供内部业务使用的档案信息。由此，最大限度地实现档案管理系统的共建和共用，数据库资源的互联和共享；实现档案信息资源跨系统、跨平台、跨地域的网络化应用，消除信息孤岛；节约系统建设、运行、维护和管理的成本；降低信息安全的风险，实现档案信息资源的大集成和大整合，最大限度地提高档案信息化综合效益。

# 七、数据库技术的运用

把纸质档案转向电子档案是档案信息化建设的重要一环，为此，要加强数据库建设。在档案信息化过程中，数据是档案信息的载体。数据库技术是信息化系统的基础，所有对档案的存储、管理、查询及保护等操作都要直接或间接地通过操作数据库来完成。在互联网技术高速发展并基本成熟的环境下，档案信息存储与传递的媒介形式因技术进步而发生了一系列的变化，承载电子文件和电子档案的各类业务平台在信息的表现形式和管理方式、方法等方面也发生了一系列的变化。为适应这些变化，要求提高电子文件和电子档案管理的质量，保证平台具备安全性、系统网上交接、脱机存储、归档互联、容灾处理等能力，把资源、技术、平台、管理和服务有机地结合起来。

在建设过程中，要加快传统纸质档案转向电子档案的进程，构建全新的数据库。首先，要发挥现代设备的优势，大力对纸质档案进行扫描；全面输入全文数据，构建与之相适应的目录数据库。其次，应该建设网络共享的模式，依托网络的多媒体平台，针对多媒体的开放性以及虚拟性的特点加强对档案信息安全的维护。在具体的操作过程中，还要让使用者进行实名认证，进行实名管理。最后，设置相关的网络防火墙，以及相关的杀毒软件，构建更加有效的档案管理安全保障体系。

在信息化整体布局推动下，档案技术运用从无到有，逐渐增多起来。档案部门的信息化设备也变得越来越多，档案信息化建设相关的法规得到进一步完善。因此，我们要加大对相关档案管理知识的了解，为更好地开展这项工作奠定坚实的基础。

## 八、维护档案信息安全的现有技术

在信息时代背景下，电子档案是一种高科技产物。为了维护电子档案的真实性与安全性，信息安全技术的应用必不可少。安全技术包括数字签名、数字印章、数字加密、防火墙技术、备份技术等。下面就维护档案信息安全方面采取的现有技术措施展开详细分析。

### （一）电子档案信息认证与恢复技术

#### 1. 签署技术

一般情况下，电子档案签署技术包含手写式数字签名与证书式数字签名。其中，手写式数字签名是将专门的软件模块嵌入文字处理软件内部，用户运用特定的光笔进行签名，或者运用压敏笔将名字签在手写输入板上，这种方式类似于纸质文件的亲笔签名。证书式数字签名则是发件方采用密钥对文件实施加密处理，在数字签名生成后，与文件共同发出。

## 2. 加密技术保障

对电子档案信息加密是加密技术的主要功能之一。就加密技术的加密方法而言，通常采用"双密钥"的传输方法。在网络传输中，加密通信者同时拥有加密密钥与解密密钥。这两个密钥是完全不同的。一般来讲，加密密钥是相对公开的，而解密密钥则完全保密。发件方在发件时采用的是收件方的公开密钥，而收件方在解密时采用的是只有自己知道的密钥。所以即使有不法分子将密文截获，也是难以解密的。从这个角度来讲，加密技术对于电子档案信息的安全起到了重要的保护作用。

## 3. 身份验证

身份验证一般是指将由数字、符号或字母等组合而成的"通行字"分配给合法用户，并将其表示为用户身份。用户要想访问系统，就必须将代表自己身份的"通行字"输入，由计算机对其"通行字"与用户其他资料进行验证。当验证结果为合法用户时，用户才有权限进入系统进行访问；如果未通过验证，则无法获得系统进入权限。目前，银行系统所使用的用户密码验证采用的也是身份验证技术。

## 4. 防写措施

只读存储光盘（CD-ROM）位于计算机外存储器中，仅供用户读出信息而不可再次写入或删除。而一写多读（WORM）光盘则是一种不可逆式记录介质，用户一次写入可多次读出，可追加写入但不可删除原有信息。在电子档案信息管理中，运用 WORM 光盘能在很大程度上提升档案信息的安全性，避免用户对档案信息进行更改或删除。当前，在计算机软件的设置项中，可将文件设置为"只读"状态，用户可读出文件信息，但不可对文件信息进行任何修改。

## 5. 硬盘还原卡技术

硬盘还原卡技术，指的是用户对硬盘内电子档案信息可随意更改、增减或删除，在关机重启系统后，硬盘恢复原有状态。运用此技术，用户的所有操作行为均不会在档案信息上留下任何痕迹，这就为电子档案数据信息的原始性与完整性带来了重要保障。

# （二）电子档案防病毒技术

## 1. 计算机病毒的产生

计算机病毒作为一种破坏性极强的计算机特殊程序，自我复制功能非常强大，在非授权状态下可侵入数据文件及执行程序中。早在 20 世纪 80 年代中期，计算机病毒就已经出现，经过 30 多年的发展，计算机病毒数量飞速增加。现如今，网络病毒更是大肆流行起来，导致计算机网络安全问题频出。在信息时代背景下，对计算机病毒的查杀已经成为档案信息管理工作的重中之重。

### 2. 计算机病毒的防治

在电子档案信息管理工作中，对计算机病毒的防治要首先明确管理观念，坚持"预防为主、防治结合"，避免计算机病毒在各个计算机软件中传播，同时要加强对已存在病毒的抑制，防止其传染其他计算机。另外，计算机病毒的传播具有非常强的主动性，所以必须采用人为干预的方式，从计算机病毒寄生对象、传染途径与驻留方式等方面入手加以防范与管理。

### 3. 对多种软硬件技术进行综合运用

在电子档案信息管理中，只要发现计算机病毒的踪迹，就应立即对病毒盘进行清理，重启计算机，对计算机病毒进行彻底查杀。同时，要加强对重要信息的保护，借助相关软件将重要信息存储于安全之处。应建立健全防毒规章制度，对软硬盘及其相关系统进行定期检查，加强对重要数据盘与系统盘的备份管理，在计算机上安装最新版本的杀毒软件，并定期升级。

## （三）电子档案信息备份

信息备份作为维护档案信息安全的辅助措施，能通过对档案信息系统的有效恢复，确保档案信息不受安全威胁。

### 1. 备份技术

最初阶段的备份多指简单的复制，后期经过磁盘镜像与双工，逐渐升级为现在的镜像站点、灾难恢复方案以及服务器集群技术等先进手段。

在日常工作与生活中，用户应用最为广泛的备份手段主要是磁盘镜像与磁盘双工技术。其中磁盘镜像通过两个在同一通道上的成对磁盘驱动器与盘体，实现对同一种文件或资料的连续性更新与存储。在使用过程中，如果其中一个磁盘发生问题，另一个磁盘并不会受到影响，能够继续独立运行。磁盘双工则是两个磁盘位于不同通道，通过镜像的方式来保护文件或资料不受损坏。

### 2. 备份系统

备份按其范围分，包括数据备份和系统备份。数据备份是指为防止数据丢失或损坏，将计算机系统中的数据复制到后备存储器中的过程。系统备份是指对整个计算机系统，包括系统软件、应用软件、数据库管理系统、数据资源、系统管理参数等进行备份。系统备份的目的是防止因软硬件故障、计算机病毒或人为误操作等原因造成计算机系统不能正常启动或运行。数据备份则仅对系统中存储的数据进行备份。显而易见，系统备份应当包括数据备份，系统备份的范围要比数据备份的范围大得多。由于档案数据量浩大，递增迅速，保真要求高，安全管理要求严，因此，加强档案信息安全的主要措施是加强档案数据备份。以下主要介绍数据备份的内容和要求。

（1）数据备份技术

数据备份技术分为热备份和冷备份两种。

①热备份。热备份是动态、实时的备份。其优点是：备份时间短，备份时数据库仍可使用；可对几乎所有数据库实体做恢复；恢复快，可达到秒级恢复，且在大多数情况下可以在数据库工作时恢复。其缺点是：不能出错，否则后果严重；若热备份不成功，所得结果不可用于时间点的恢复，所以操作时要特别仔细。

②冷备份。冷备份是静态、定时的备份。其优点是：容易操作；容易恢复到某个时间点上；能与归档作业相结合，做数据库"最佳状态"的恢复；维护简单，高度安全。其缺点是：单独使用时，只能提供到"某一时间点上"的恢复；在实施备份的全过程中，数据库是关闭状态的，不能做其他工作；若磁盘空间有限，只能拷贝到磁带等其他外部存储设备上，备份速度会很慢。

（2）数据备份的载体

档案备份的介质有硬盘、磁带、光盘、纸、缩微胶片等，其选择要注意以下几方面。

①电子档案一般用硬盘、磁带、光盘介质来做备份。为防止电子档案被修改，可利用一次写多读光盘只读的特点，将其作为电子档案长期存储的载体。

②具有永久保存价值或者其他重要价值，且未形成纸质或缩微胶片备份件的电子档案，应当同时形成一套纸质或缩微胶片备份件，即进行数转模处理，以确保该类档案的长期有效性。

③档案备份应当同时采取本地备份和异地备份的方法。本地备份是指将备份内容存储于实施备份单位同一建筑或建筑群内。异地备份分为同城异地备份和远程异地备份。同城异地备份是将备份内容存储于本市与实施备份单位不同地域的场所；远程异地备份是将备份内容存储于外地适当的场所。远程异地备份的场所应当选择在与本地区相距300千米以上，不属同一江河流域、不属同一电网、不属同一地震带的地区。

### 3.备份管理制度

在对电子档案信息进行管理的过程中，应建立科学规范的备份管理制度，并通过有效途径予以贯彻与执行，具体如下。

（1）定期备份与实时备份的科学选择

对于静态数据信息的保护，主要选择定期备份方式，对于实时数据系统，则选择实时备份方式，防止因死机或系统故障带来安全损失。

（2）对备份内容、状态与日期的选择

针对不同的信息资料，应选择相应的备份形式。以备份内容为依据，主要有全备份、增量备份及集成备份等形式；以备份状态为依据，可分为联机备份与脱机备份形式；以备份日期为依据，主要有日备份、周备份与月备份等。

（3）对备份设备的选择

在选择备份设备过程中，应以单位的实际需求与备份设备的特点为主要依据，备份设备主要包括磁盘阵列、硬盘、光盘、软盘及组合磁带机等。

（4）规范备份制度

在备份制度的建立过程中，应充分考虑到多套备份的组合运用、异地存储方式的选择以及在突发状况下对信息资料的智能恢复等。如果单位的现实状况允许，可选择较为先进的备份技术，如集群服务器技术、镜像站点等。综上所述，要想提升档案系统的运营水平，保证运营状态，维护档案信息的安全，就必须加强对备份工作的重视，建立科学完善的备份管理制度。

## （四）电子档案网络传输安全技术

### 1.防火墙

防火墙主要通过在系统网络与外部网络连接点设置障碍的方式，实现对非法入侵者入侵行为的阻止，同时还能避免系统网络内专利信息与机要信息的输出，以此保证系统网络的安全。

### 2.虚拟专用网

虚拟专用网作为电子档案传输专用网络，将安全信道建立在两个系统中，以保证电子数据的传输安全。在虚拟专用网络中，传输双方相互熟悉，且传输的数据量非常大，在获取双方一致认同的情况下，通过运用复杂的认证技术与专用加密技术，能进一步保障电子档案信息的传输安全。

### 3.网络隔离计算机技术

网络隔离计算机技术能在同一台计算机上同时实现内网与外网功能。其中内网为系统内部保密网,外网则是互联网。通过对网络隔离计算机技术的运用,即使外网遭受非法入侵,内网系统的安全也是完全可以保障的。

### (五)安全技术对档案信息化的影响

①由单一安全产品向安全管理平台转变。档案信息系统安全防护技术将借助先进的管理平台使其成为一个有机组合的整体,而不是仅依靠单一的安全防护产品,头痛医头,脚痛医脚。

②由静态、被动防护向动态、主动防护转变。档案信息系统可采用动态、主动的安全技术,如应急响应、攻击取证、攻击陷阱、攻击追踪定位、入侵容忍、自动备份、自动恢复等防御网络攻击。

③由基于特征向基于行为的安全防护转变。过去档案信息系统按特征拦截黑客攻击的方式存在较大的漏洞,而基于行为的防护技术可做到疏而不漏。

④内部网络安全技术得到发展。网络安全威胁不仅来自外部网络,有时内部网络的安全威胁更大。因此,档案信息系统内部网络安全技术将越来越得到重视。

⑤信息安全管理由粗放型向量化型转变。对档案信息安全状况检测和评估的量化,将改变过去凭经验、模糊化的粗放管理方式,使安全控制更加有效。

⑥基于软件安全的方法及相关产品将快速发展。软件是信息网络安全的"灵魂",发展基础性档案信息安全软件,有利于从根本上杜绝安全事故。鉴于以上发展趋势,今后档案信息的安全管理将趋向于合理地选择和配置先进适用的网络安全技术,制定安全管理策略和正确使用安全技术。

总的来说,对于具有保密要求的档案文件,则应当应用安全的保密措施,并且对涉及隐秘的文件进行全面的密码管理,严禁在外网上开放。要定期对网络环境和信息化系统进行检测,避免出现黑客攻击或病毒入侵的情况。在进行体制建设时,可以从信息收集、档案保管以及借阅等多个步骤进行流程完善,使各项管理工作都能够参考对应的管理制度进行,避免由于员工工作疏漏出现不规范现象。

## 九、设备安全技术

物理层面的关键技术对档案信息化建设十分重要,如设备安全技术。广义的设备安全技术包括物理设备的防盗、防止自然灾害或设备本身原因导致的毁坏、防止电磁信息辐射导致的信息泄露、防止线路截获导致的信息毁坏和篡改、抗电磁干扰和电源保护等。狭义的设备安全技术是指用物理手段保障计算机系统或网络系统安全的各种技术。为提高设备安全性，通常采用技术手段，包括防复制技术和硬件防辐射技术等。

## （一）防复制技术

"电子锁"，即电子设备的"软件狗"，是一种常用的防复制技术。软件运行前要把这个小设备插到一个端口上，在运行过程中程序会向端口发送询问信号。如果"软件狗"给出响应信号，该程序继续执行则说明该程序是合法的，可以运行；如果"软件狗"不给出响应信号，该程序中止执行，则说明该程序是不合法的，不能运行。另一种常用的防复制技术是机器签名，它是在计算机内部芯片（如ROM）里存放该机器唯一的标志信息，把软件和具体的机器绑定。如果软件检测到不是在特定机器上运行，便拒绝执行。为了防止跟踪破解，还可以在计算机中安装一个专门的加密、解密处理芯片，密钥也被封装于芯片中。软件以加密形式分发。加密的密钥要与用户机器独有的密钥相同，这样可以保证一台机器上的软件在另一台机器上不能运行。这种方法的缺点是由于软件每次运行前都需要解密，所以会降低软件运行速度。

## （二）硬件防辐射技术

"明枪易躲，暗箭难防"，用来表示人们在考虑问题时常常会对某些可能发生的问题估计不足，缺少防范心理。在考虑计算机信息安全问题时，往往也会出现这种情况。比如，一些用户常常仅会注意计算机内存、硬盘、软盘上的信息泄露问题，而忽视了计算机通过电磁辐射产生的信息泄露。我们把前一类信息泄露称为信息的"明"泄露，后一类信息泄露称为信息的"暗"泄露。对计算机与外部设备究竟要采取哪些防泄露措施，应根据计算机中信息的重要程度而定。一些常用的防电磁泄漏措施有整体屏蔽、距离防护、使用干扰器和利用铁氧体磁环等。

# 十、保密检查技术

开展保密技术检查是加强信息系统防护与管理的重要手段。从事信息系统保密技术检查工作，不仅要了解和掌握有关保密法规和标准，熟悉信息系统保密技术要求和管理规范，还要掌握计算机和网络的基础知识，了解网络安全保密产品的基本功能和特点，了解最新的操作系统补丁和病毒库情况，这样才有利于在检查中发现问题，有效发挥保密技术检查以查促防、以查促管、以查促改的作用。

## （一）检查内容

### 1. 信息系统建设情况

①系统集成单位是否具有涉及国家秘密的计算机信息系统集成资质。

②系统使用的安全保密产品是否通过国家相关主管部门授权的测评机构检测。

③系统是否经过国家保密行政管理部门授权测评机构的检测评估。

④系统运行是否经过市（地）以上保密行政管理部门的审批。

### 2. 信息系统使用情况

①是否做到与互联网及其他公共信息网络物理隔离。

②是否划分安全域并采取有效的边界防护措施。

③是否采取有效的身份认证和访问控制措施。

④是否有安全审计和违规外联监控措施。

⑤是否有入侵监控和漏洞扫描措施。

⑥是否有符合保密要求的防病毒措施。

⑦是否有违规连接互联网的情况。

⑧是否有违规使用移动存储介质的情况。

⑨涉密信息是否有密级标识。

⑩系统内处理涉密信息的设备是否经过保密技术检查。

### 3. 单机（含笔记本计算机）使用情况

①是否采取有效的身份认证措施。

②是否有符合保密要求的防病毒措施。

③是否有违规连接互联网的情况。

④是否安装无线网卡等无线设备。

⑤是否违规使用移动存储介质。

⑥涉密信息是否有密级标识。

⑦是否经过保密技术检查。

### 4. 移动存储介质使用情况

①是否有登记、编号、密级标识。

②是否按密品保管和使用。

③是否在非涉密计算机上使用。

④高密级介质是否在低密级计算机上使用。

⑤外出携带是否履行审批手续。

**5. 工作秘密计算机（含笔记本电脑）使用情况**

①是否存储、处理涉密信息或曾经存储、处理过涉密信息。

②是否使用过涉密移动存储介质。

**6. 数字复印机、多功能一体机使用管理情况**

①涉密数字复印机的存储介质是否按密件管理。

②用于处理涉密信息的具有打印、复印、传真等功能的一体机是否与普通电话线连接。

**7. 信息系统制度建设情况**

①是否制定涉密信息系统保密管理规定。

②是否制定涉密笔记本电脑保密管理规定。

③是否制定涉密移动存储介质和非涉密移动存储介质保密管理规定。

④是否制定涉密数字复印机、多功能一体机保密管理规定。

**8. 无线互联情况**

涉密信息系统和办公环境中是否有无线互联设备。

## （二）检查程序

保密技术检查是保密行政管理部门和机构依据国家法律、法规和技术标准，采用相应的技术手段，对涉密信息系统进行检查的活动，具有很强的政策性和技术性。因此，必须做到科学严谨、规范有序。组织实施保密技术检查，应当包括以下程序。

**1. 制订方案**

根据工作计划、上级指示或单位提出的检查申请，结合受检单位的实际，制定具体的检查方案，确定检查人员并进行分工，明确检查的范围、内容、方法、步骤和要求。

**2. 检查准备**

按照检查方案要求，确定统一的检查设备和工具，对检查人员进行动员、部署和培训。检查前，应通知受检单位做好相应的准备工作。

**3. 实施检查**

现场检查开始前，应召开会议，向受检单位通报检查工作安排和有关要求；

检查过程中，应由受检单位派有关人员陪同，检查实行双人制，并认真做好检查记录；现场检查结束后，应召开会议，受检单位负责人通报检查情况和初步意见。

### 4. 反馈结果

检查工作结束后，应当对检查中发现的问题进行分析研究，并将检查情况、检查结果和整改建议以书面形式及时通知受检单位。

### 5. 上报情况

对于检查中发现窃密泄密事件、严重泄密隐患和漏洞的，应在 10 日内报上级保密行政管理部门；对特别严重的泄密事件、泄密隐患和漏洞，应立即上报国家保密局。

### 6. 资料归档

检查任务完成后，保密行政管理部门应将检查过程中的原始数据、资料等及时整理归档。

## （三）检查方法

### 1. 计算机网络的检查

在对计算机网络检查前，检查人员应向网络管理人员了解涉密网的建设、使用、运行和管理等相关情况。在现场技术检查中，检查人员可以根据涉密网的实际情况，合理分工，分别以系统管理员、安全保密管理员、安全审计员、授权用户、非授权用户等身份对网络的安全保密性进行全面检查，验证其安全保密技术防护措施是否完备和有效，找出涉密网络中存在的安全漏洞和泄密隐患。

### 2. 单机（包括笔记本计算机）的检查

查看是否设置了操作系统登录口令，并查看所设口令是否符合保密规定，以及是否存在多条账户及空口令和弱口令；查看防病毒措施是否符合保密要求，操作系统补丁是否及时更新，病毒库是否及时升级；查看是否有上网记录，涉密信息是否有密级标志，是否使用个人移动存储介质，如数码相机、手机等；通过查看注册表，检查 U 盘使用记录，或通过 U 盘检测工具检查 USB 设备使用情况；查看是否安装无线网卡或其他无线装置，是否安装手机上网驱动程序；查看设备保管和存放是否安全，使用环境是否会造成显示屏信息被窃视等。

### 3. 工作秘密计算机（包括笔记本计算机）的检查

主要检查是否曾经处理和保存过涉密文件、资料。如有必要，可用硬盘数据恢复工具检查其是否存储过涉密信息。

**4. 移动存储介质的检查**

主要通过使用记录比对，查看移动存储介质是否有在涉密计算机与联网计算机之间交叉使用的现象；是否做到统一登记、编号；是否有密级标志；销毁是否有记录；外出携带是否有审批；非涉密移动存储介质是否存储了涉密信息。如有必要，可用数据恢复工具检查其是否存储过涉密信息。

**5. 保密管理情况的检查**

①检查涉密计算机的远程通信是否采取了符合保密规定的管理措施。

②检查涉密移动存储介质（含移动硬盘、U盘、软盘、光盘等）在标志、编号、登记、销毁等方面保密管理制度的制定及执行情况。

③检查涉密计算机在维修、更换、报废过程中保密管理制度的制定及执行情况。

④检查涉密笔记本计算机保密管理制度的制定及执行情况。

⑤检查涉密信息系统保密管理制度的制定及执行情况。

⑥检查涉密数字复印机、多功能一体机保密管理制度的制定及执行情况。

⑦检查对涉密信息系统测评和上次检查中提出整改意见的落实情况。检查结束后，根据检查中发现的问题，结合受检单位的使用环境和已采取的技术防护措施、规章制度等，综合分析涉密信息系统中的涉密信息是否存在泄密隐患，提出整改建议。

### （四）在系统保密检查中应注意的问题

①检查工作不能影响和破坏受检单位涉密信息系统原有的安全保密性。使用检查工具对涉密信息系统进行检查时，不能改变或降低系统原有设置和安全性，不能影响系统的正常功能，不能破坏系统的正常运行，严防系统瘫痪。

②对于检查中发现的严重违反保密规定或涉嫌泄露国家秘密的问题，检查人员应做好现场取证工作，经过批准，可采取阻断泄密渠道和封存有关设备等应急处置措施。对被封存的设备，应与受检单位办理交接手续，加贴封存标志后移送保密行政管理部门做进一步技术取证和检测工作。

③检查人员应按照要求认真填写检查表，对发现的问题不能认定的，要做好相应记录，在填写检查表前一定要与被检查人确认，弄清事实，防止出错，便于事后查处。

④检查工具本身应确保安全可靠。每检查完一台计算机或网络后，应对检查工具进行病毒查杀，防止病毒通过检查工具在涉密信息系统内传染。同时，为防

止涉密信息泄露，检查工具严禁在涉密计算机和非涉密计算机之间交叉使用。

⑤检查中获取的原始资料应妥善保管，防止扩散。在检查中，从计算机或网络中获取的信息可能涉及国家秘密、工作秘密、商业秘密和个人隐私，应按有关规定进行保管或存档，不得提供给他人用作其他用途。

⑥检查人员要严格遵守工作纪律和保密纪律。在检查中不向受检单位人员询问与检查工作无关的问题；不评论与检查工作无关的事项；不违规查看、记录、存储、复制受检涉密载体中的信息资料；不以任何方式泄露检查工作中接触和知悉的各类涉密信息；不私自留存、销毁与检查工作有关的各类涉密载体；检查期间，不会见与工作无关的人员，不参加与工作无关的活动。

⑦要严格保管检查工具、记录本及有关材料。检查结束后，要对检查工具中保存的信息进行清理。对于检查中下载的涉密信息，需要保存的应复制到专门介质上保存，介质应标明数据来源、时间、密级等信息；不需要保存的应彻底删除，同时清除与检查工具无关的其他软件，并进行病毒查杀，恢复到检查工具的初始状态。

# 十一、涉密数据迁移技术

## （一）数据迁移概述

### 1. 数据迁移的概念

信息系统从启用到被新系统取代，在其使用期间往往积累了大量重要的历史数据，这些历史数据是进行决策分析的重要依据，也是新系统顺利启用所必需的。数据迁移就是将历史数据进行清洗、转换并装载到新系统中的过程。数据迁移主要适用于一套旧系统切换到另一套新系统，或多套旧系统切换到同一套新系统时，需要将旧系统中的历史数据转换到新系统中的情况。多数涉密信息系统废止并进行系统切换时，一般都需要进行数据迁移。

### 2. 数据迁移的特点

系统切换时，数据迁移即将需要的历史数据一次或多次转换到新的信息系统，其最主要的特点是需要在短时间内完成大批量数据的抽取、清洗和装载。

数据迁移的内容是整个数据迁移的基础，需要从信息系统规划的角度统一考虑。划分内容时，可以从纵向的时间和横向的模块两个角度去考虑。

### 3. 数据迁移的方法

数据迁移可以采取不同的方法进行，归纳起来主要有三种方法，即系统切换前通过工具迁移、采用手工录入、系统切换后通过新系统生成。

4.数据迁移的策略

数据迁移的策略是指数据迁移采用的方式。结合不同的迁移方法，主要有一次迁移、分次迁移、先录后迁、先迁后补等方式。

5.涉密数据迁移步骤

涉密信息系统在进行涉密数据迁移时，应严格按照申请、处理、备案的步骤进行。在数据迁移过程中要保障涉密信息的保密性、完整性和可用性，保护国家秘密的安全。

在进行涉密数据迁移工作之前，数据迁移部门应向有关保密工作机构和主管领导提出书面申请报告。申请报告中应说明数据迁移系统的名称、密级，数据迁移时间，数据迁移人员，迁移数据内容及大小等信息。审批通过后，方可进行涉密数据迁移工作。

涉密数据迁移工作完成后，涉密信息系统建设使用单位应对数据迁移工作进行备案，记录数据迁移的时间、地点、人员，数据迁移所采取的技术和管理方法及措施，迁移涉密数据的密级、数据量等相关信息。

## （二）数据迁移安全保密管理

在数据迁移和新旧系统更替过程中，为了保障涉密信息的保密性、完整性和可用性，必须从技术和管理两个方面采取切实可行的安全保密措施，保护国家秘密的安全，具体措施如下。

①制订涉密数据迁移方案，并通过有关部门审批。

②制定数据迁移安全保密管理规章制度。

③涉密数据迁移工具的开发、测试工作应在模拟环境中进行。

④涉及未加密涉密信息的数据迁移工作应由涉密系统的业务应用人员完成，维持原有的知悉范围。

⑤开发技术人员不应接触到未加密的涉密信息数据，只能用模拟数据进行开发测试。

⑥开发技术人员进入涉密信息系统现场，应有相关保密工作机构人员陪同监督。

此外，新旧系统的过渡应该快捷、平稳，以保障涉密信息系统建设使用单位业务工作的连续性。

## （三）涉密设备与涉密载体废止

涉密信息系统升级改造完成后，若新涉密信息系统运行、应用良好，应对旧涉密信息系统中不再使用的涉密设备与涉密载体妥善处理，确保国家秘密安全。废止的涉密设备与涉密载体的处理主要是进行信息消除和载体销毁工作，信息消除和载体销毁所采用的技术、设备和措施应符合要求。

涉密设备与涉密载体进行信息消除和载体销毁时，应由使用部门填写审批申请表，经技术部门（或其他相关部门）鉴定，主管领导和保密工作机构审批通过后，在保密工作机构的监督下由相关部门统一进行处理。销毁涉密设备和涉密载体前，其承办人、销毁人应认真检查、核对，防止误销毁。销毁涉密设备和涉密载体时，应采取有效的技术措施，确保其涉密信息或数据无法还原。

# 十二、档案信息化系统检索技术

## （一）检索技术

检索技术包括搜索引擎、网络机器人、智能检索、图像检索等。信息检索是用户进行信息查询和获取的主要方式，是查找信息的方法和手段。狭义的信息检索仅指信息查询，即用户根据需要，采用一定的方法，借助检索工具，从信息集合中找出所需信息的查找过程。广义的信息检索是指信息按一定的方式进行加工、整理、组织并存储起来，再根据信息用户特定的需要将相关信息准确地查找出来的过程。信息检索又称信息的存储与检索。一般情况下，信息检索指的是广义的信息检索。对于一个文本检索系统来说，检索技术主要包括索引生成、查询处理和文档检索三部分。

### 1. 索引生成

信息检索系统在生成索引的过程中应该需要顾及两个问题：如何选择索引和如何组织索引。索引选择的过程就是从文档中提取分词的过程。目前主流的选择索引的方法是统计分词以及词表分词。例如，最大熵算法、最大期望（EM）算法、n 元（n-gram）算法和隐马尔可夫模型（HMM）算法都是基于统计的分词方法。统计分词方法需要大量的信息样本库，需要一直训练信息样本库来选择出索引单元。该方法工作量大，适用范围小。词表分词法是在分词过程中对索引词开展机械匹配的方法。根据匹配过程，该方法可分为双向、正向和反向最大匹配方法。

### 2. 查询处理

用户在信息检索过程中，向检索系统提供各种查询条件，如表达式、自然语言、关键字集等，信息检索系统不能刻意限制用户输入的查询条件。假如检索系统不处理用户的查询条件，而是直接使用用户的查询条件进行查询，则查询结果的精度会很低。因此，对于用户的查询条件，需要一个语义处理过程来准确获取用户的查询意图，目前的处理方法是潜在语义分析、相关反馈以及关联矩阵等技术。

### 3. 文档检索

检索系统最容易的处理方法是查询关键字，并将查询结果以文档的形式反馈给用户。检索系统需要对查询结果开展排序，将可靠性最高的文档给用户，使用信息检索模型计算用户查询与结果之间的相关性。

## （二）内容安全检索

传统的内容检索是通过属性信息对文件、数据库信息进行查询的，20 世纪 90 年代诞生了面向电子信息内容的全文检索。全文检索从诞生至今已几乎遍及我们日常生活应用的任何一个角落。互联网全球应用，网页、站点存储着文本、图片、音频等形式多样的各种信息化电子数据，全文检索技术则用于帮助广大系统用户在这些信息中查询到指定的内容。全文检索技术以电子文件全文本信息为对象开展词汇分析，使系统、互联网用户以接近自然语言的词汇、语句对数字信息库、数字信息文件资料、网页等进行全文内容的查询，而不是类似数据库依托数字信息特征进行的查询方式。如今依托全文检索技术的谷歌、百度等公司已成为互联网行业的领导企业，其重要作用可见一斑。

同时，近年来在档案利用中对全文检索的需求也不断提升，海量、丰富的数字化档案信息在查询、借阅等服务方面广泛依赖全文检索技术，大幅提升了信息的查找、定位需求。档案管理系统中主要以 PDF 形式的电子文件为主要内容，采用了超文本信息检索技术来实现自动索引、自动摘要和自动分类等。全文检索算法、理论不断优化及全文检索系统的大量应用需求也催生了众多开源的全文检索系统，如 Apache Solr、BaseX、Lucene 等。

对于档案信息化系统来说，直接采用上述内容检索解决方式是无法满足涉密信息安全保密要求的，必须在现有的技术架构上融合安全控制手段，在对文件进行索引过程中始终保持着信息的安全保密等级，不同的内容段应标有相应的安全等级信息，索引在磁盘上也进行必要的转化以加强文件的安全，在用户进行词句检索的过程中必须严格地校验用户的涉密等级信息与检索结果间密级信息是否匹配，是否符合保密要求。

## （三）搜索引擎安全

对于普通用户来说搜索引擎安全，是指应该如何应对搜索引擎带来的隐私泄露和病毒攻击风险；对于网站管理者来说，搜索引擎安全是指应该如何管理自己的网站，更好地保护自己用户的数据库、身份信息等隐私。当世界上有了谷歌、百度这样的搜索引擎，我们的工作更有效率，生活也更丰富多彩。

在档案的信息化建设中，在信息化系统中检索档案某些情况需要用到搜索引擎，而一些技术熟练的黑客可以通过搜索引擎来查找我们的涉密资料，所以搜索引擎安全也是未来网络新技术安全的重要讨论部分。

随着网络安全的发展，包括社会工程学技术、社交网络服务（SNS）网站搜索、跨站脚本攻击（XSS）、网络仿冒等的广泛使用，使搜索在整个黑客攻击过程中成为不可或缺的部分。例如，当一个黑客开始对某个网站进行攻击前的渗透准备时，通常会把攻击对象的网管邮箱地址放到谷歌上搜索一下，以此得到与网管相关的个人信息，如经常使用的邮箱、经常在网上使用的昵称、毕业于哪个学校、使用的手机号码等，这些信息的获得，将为黑客进行社会工程学攻击提供很多便利。

利用一些常用命令，黑客可以对指定的网站、指定网站的指定位置进行搜索。这样不但可以快速找到可供攻击的目标，更可以通过社会工程学方法对大型企业和政府网站发动高级长期威胁（APT）攻击。

针对搜索引擎读取不当资料可能带来的问题，网站管理员可以利用 robots 协议，把放置涉密文件的目录列为拒绝搜索引擎读取，如与密码相关的目录和文件、与网站配置相关的目录等，都应该禁止搜索引擎读取；网站管理员还可以利用 site 命令，经常去各大搜索引擎查看自己管理的网站并将其删除。

### （四）检索技术对档案信息化的影响

①检索功能智能化。使计算机对自然语言（如关键词）的检索具有一定的语义推理、扩检能力，可显著提高查全率和查准率并方便用户使用，将广泛应用于档案检索中。

②检索条件图像化。将过去的通过文字检索转变为通过图像检索，如指纹、照片检索，从而显著提高影像档案的检索能力，给检索手段带来革命性的变化。

③检索服务简单化。使各种移动终端和搜索引擎的使用更加"傻瓜化"，从而使检索服务更加人性化，如检索后提供自动摘要、自动跟踪、自动漫游、机器翻译、动态链接等。

④检索领域多样化。可提供多语种、多媒体服务，还能提供政治、军事、金融、文化、历史、健康、旅游等各种专题的个性化服务。这些都能使档案检索系统的设计更好地面向用户，满足大众的各种档案利用需求。

# 第二节 档案信息化管理的体系建设

## 一、档案信息化保障体系建设

档案信息化是一项开拓创新的事业，同时也是一个充满风险的领域。这项事业的健康发展和逐步奏效需要一系列相互作用、协调配套的支持条件，即档案信息化保障体系。档案信息化保障体系主要包括宏观管理保障体系、标准规范保障体系、信息安全保障体系、人才队伍保障体系等。

### （一）宏观管理保障体系

档案信息化是档案事业发展的战略举措。为了确保这项工作循序渐进、卓有成效，需要自上而下地进行总体规划和精心的组织实施。

#### 1. 档案信息化规划

档案信息化规划是档案行政管理部门针对档案信息化事业发展制定的全局性、长远性谋划，是对发展目标、任务、措施的宏观思维、精准描述和权威部署，是反映发展规律、驾驭发展大局、破解发展难题的顶层设计，具有定位目标、激发士气、凝聚人心、统一步伐的作用。

（1）规划制定的原则

1）统揽全局的原则

规划首先要明确档案信息化的指导思想、基本目标、工作任务、措施步骤、保障体系、评价指标等。为此，档案信息化规划要有前瞻性、系统性、严肃性、权威性和操作性。其在目标的确定上既要起点高，又不能不切实际地盲目拔高；在任务的确定上既要全面覆盖，又要重点突出；在措施的确定上既要宏观布局，又要微观落地；在保障体系的确定上既要建立动力机制，又要设定约束机制；在评价指标的确定上既要定性，又尽可能定量。特别要做到与本单位档案事业发展规划和本地区信息化发展规划相衔接，争取取得组织、资金和人力上的支持。为了落实好规划，要建立集规划制定、协调、监督、意见反馈、补充完善于一体的规划执行机制。通过落实责任、考核和目标管理，努力实现预定的信息化蓝图。

2）分步实施的原则

档案信息化涉及面广、工作量大、制约因素多，因此不可能毕其功于一役。在制定规划时，要充分考虑国家、地区信息化战略的实施进度，档案信息化的近期需求，档案基础工作条件，管理制度和业务规范的配套情况，以及经费、人力的投入能力等。要在全局性、长远性目标的指导下，根据需要和可能将总目标分解为若干阶段性目标，以便分步实施。阶段性目标要处理好前后衔接关系，每一阶段的目标任务既要继承前阶段的成果，又要为后阶段创造条件。特别要将档案信息资源建设列入阶段性目标的主要任务，并提出量化的指标要求，如电子文件归档和传统存量档案数字化应当达到多少百分比等。

3）需求驱动的原则

长期以来，信息技术领域有一句行话"以需求为导向"，它是信息技术应用的一条重要规律。现代信息技术几乎无所不能，然而，只有与特定的需求相结合，才能实现信息化的价值。需求决定计算机应用的发展方向、检验标准和实际效能，是信息系统建设的出发点、归属点和动力源泉。不重视需求或找不准需求，必然使档案信息化偏离正确的轨道，甚至付出沉重的代价。2002 年，美国国家档案馆为了建立电子文件档案馆，制定了电子文件档案馆的需求体系文件，之后用了8 年时间对该需求体系文件进行了 4 次版本升级。可见他们对需求研究的重视程度，也说明精准把握需求的难度。

4）突出重点的原则

所谓突出重点，就是规划要满足重点需求。需求是一个相当具有"弹性"的概念，在分类上有一般需求和主要需求、潜在需求和现实需求、表面需求和本质需求、当前需求和长远需求等。突出重点就是要在调查研究的基础上，分析和把握住主要需求、现实需求、本质需求、当前需求和紧迫需求。为此，在制定规划时，要从本单位、本行业的实际出发，以问题为导向，以必要性和可行性统一为基础，找准需求，定义总目标和阶段性目标，一步一个脚印地有序推进档案信息化工作。

（2）规划制定的步骤

1）组织机构

档案信息化规划的制定事关大局、事关长远，因此应当建立由单位主要领导主持，信息化管理人员、相关业务技术人员和档案管理人员参加的规划起草小组，具体负责规划制定的全过程工作。为了开阔眼界、借用"外脑"，还可以聘请外单位档案信息化方面的专家，对规划起草人员进行培训，对起草工作给予咨询、审核、把关，或直接负责规划的撰写工作。

2）调研

调研主要包括四个方面：一是对国际、国内、本地区、本行业档案信息化发展战略和规划的调研，了解其对档案信息化目标、任务、措施的定位，以便为本单位规划制定提供参考；二是对同行业或相近行业档案信息化的先行单位进行调研，以便学习和借鉴他们的成熟经验；三是对社会信息化发展状况进行调研，了解其软硬件技术发展水平以及哪些技术适用于本单位；四是对本单位档案工作和档案信息化需求进行调研，发现和分析存在的问题，研究利用信息化手段破解问题的对策。

3）撰写规划

撰写报告是指对调研结果进行归纳总结，撰写调研报告。根据调研报告撰写规划大纲，并征求有关领导、专家或业务技术骨干的意见，再根据拟订的规划大纲撰写规划初稿。初稿完成后组织专家进行科学性和可行性论证，并广泛征求机关各业务部门和相关单位的意见，修改完善后交本单位领导审核、签发，然后正式颁发。

4）规划颁发

规划颁发时要一并提出规划执行的指标要求、进度要求和责任要求，并按照"言必信，行必果"的要求跟踪规划的执行情况。

（3）规划的主要内容

1）回顾总结

回顾总结本单位档案信息化的进程、现状、取得的基本经验或主要体会，以及存在的主要问题。对于尚未建立档案管理信息系统的单位，可以总结本单位档案工作的现状，以及为档案信息化创造的基础工作条件，如档案制度化、标准化建设，档案资源建设，档案人才队伍培养等。

2）目标定位

目标是对档案信息化建设预期前景和效果的描述。目标可以分总体目标和具体目标两部分。目标定位要有以下"五个度"：高度，即体现高起点、高标准、高水平；宽度，即做到档案业务工作的全覆盖；深度，即要致力于解决发展中遇到的热点、难点问题；亮度，即要有创新点和闪光点；温度，即要满怀热情地贴近时代、社会、生活、百姓。总目标的实施周期应尽量与本单位发展规划相吻合，一般为五年。

3）任务部署

任务是对目标的细化。目标一般比较概括和宏观，任务则要尽量具体和微观。任务一般按档案信息化的要素细分，包括基础设施建设、信息资源建设、应用系统建设和保障体系建设等。任务部署要尽量做到定时、定量，如纸质档案数字化工作每年要达到多少页、占馆（室）藏总量的百分比是多少等。

4）措施落实

措施是指实施档案信息化的必要条件，一般包括人员观念的改变、档案基础工作的跟进、技术平台的建设、信息安全的落实、资金持续投入以及人才队伍培养等。其中档案基础工作部分要特别强调"兵马未到，粮草先行"，即提前、重点做好电子文件归档、纸质档案数字化工作。

2. 档案信息化组织

制定科学的规划是档案信息化的起点和前提，它使信息化建设者在目标、任务、措施等方面达成了共识、统一了步骤。接着，就需要通过强有力的组织，即通过指挥、协调、监督、指导、服务等管理方式和行政手段，确保规划的贯彻落实。执行力不足会使一个好的规划流于形式，因而创新规划的执行体系和执行手段，是增强规划的权威性和约束力的关键举措。

（1）思想观念更新

档案信息化是新时期档案工作顺应潮流、抓住机遇、加快发展的重大战略。规划是战略实施的顶层设计，是长远性、全局性的谋划，是避免战略实施出现随意性和盲目性的有效举措。只有充分认识规划实施的重要意义，才能增强实施规划的责任心和自觉性。

同时，要认识到实施规划要有新思路、新对策。要改变过去重规划、轻实施，重技术、轻管理，重平台建设、轻资源建设，重档案科研、轻成果应用等片面、落后的观念。要以崇尚科技、重视改革、锐意进取、尊重人才、创新务实、真抓实干的新思路、新对策来破解规划实施中的难题，化解来自各方面的阻力，推进规划的顺利实施。

（2）组织体系创新

档案信息化应当是"一把手工程"，必须由机构的主要领导分管档案信息化工作，并建立集规划、执行于一体的档案信息化主管部门。如此才能及时高效地协调档案信息化建设中遇到的复杂关系，避免因多头管理而造成政出多门、相互推诿的现象。

档案信息系统的建设和运行涉及与外界系统的互联。前端与办公自动化互联，确保对归档电子文件的前端控制。后端与本单位各种业务系统互联，确保为社会或本单位行政业务系统提供档案信息服务。单靠档案部门难以处理与档案外部系统之间的关系，必须由本单位主要领导牵头挂帅，才能做好跨部门的组织协调工作。为此，各单位分管档案工作的领导应当同时分管档案信息化工作，负责实施档案信息化规划的各项组织工作，负责将规划实施列入本单位信息化发展规划和年度计划，使这项工作在机构、岗位设置、人员、经费投入等方面需求得到满足，保障规划的实施。

（3）管控措施到位

档案行政管理部门要对规划的实施采取有力的管控举措。

1）要保持规划的权威性和严肃性

对已经列入规划的每项任务都要言必信、行必果，对规划后未执行的任务要追究原因和责任；按照规划制定有关项目的实施方案，规定具体的实施内容、进度、要求，一抓到底，直至见效；将规划实施的组织、协调、监督、指导纳入档案工作的法规、制度、标准、规范系统中去，纳入行政部门工作的职责和考核办法中去，通过法律和行政手段防止发生档案信息化不作为或乱作为现象。

2）要夯实档案信息化工作的各项基础

档案信息化建设的重点是档案信息资源建设。为此，要围绕档案信息资源管理的目标和任务，扎扎实实地做好传统文件和电子文件的积累、归档，以及归档后的档案鉴定、分类、组卷、著录、编目、数据录入、档案扫描、档案保管、档案划控等基础工作，利用数据库技术建立起大规模、高质量的档案信息资源总库，为档案信息系统运行提供优质的信息资源。

3）要确保规划实施的各项投入

切实按照规划要求落实软硬件网络平台、应用系统、数据资源、人才队伍、保障体系等各项建设任务。对建设项目的完成情况和实用效果进行科学的后评估，并将后评估的绩效列入档案信息化建设单位业绩考核的指标。资金投入要避免重硬件投入，轻软件投入；重技术性投入，轻管理性投入；重一次性投入，轻持续性投入的倾向，使资金投入在发展阶段、发展要素、发展层次上有合理的结构比例。

（4）科研教育跟进

鉴于档案信息化具有知识密集和技术密集的特点，档案科研和教育已成为档案信息化的两个重要支柱。为了更好地发挥科研工作对档案信息化的引领作用，要加强对档案信息化项目的选题指导、立项审查、实施跟踪和结题评审等环节的全过程管理。对不可行的项目在立项阶段就要予以否定。对科研项目的结题评审要严格把关。对重点科研项目要组织各方力量联合攻关，特别要加强档案局(馆)、档案学专业和信息技术开发公司之间的联合，从档案专业和计算机技术的紧密结合上提高科研成果的质量。要加大档案信息化科研成果的推广力度，充分发挥理论成果对实践的指导和引领作用。要采取有效的行政手段和考核措施，大力推广集成化、通用化的数字档案室和数字档案馆应用系统，彻底改变过去各自为政、重复建设、自成体系、难以互联的粗放型发展模式。

### （二）标准规范保障体系

数字档案的载体、信息和生存环境的不稳定，使其真实、完整、有效和安全性面临严峻的挑战，管理问题相当复杂。为此，特别需要靠标准体系来规范管理者的行为，使档案信息的制作、加工、采集、保存、保护、鉴定、整理、传递等环节都处于受控状态。标准规范体系对档案信息化的意义十分深远。

标准是为了在一定范围内获得最佳秩序，经协商一致制定并由公认机构批准，共同使用的和重复使用的一种规范性文件。标准化是指为在一定的范围内获得最佳秩序，对实际或潜在的问题制定共同的和重复使用的规则的活动，即制定、发布及实施标准的过程。

进入 21 世纪以来，我国有一批档案信息化的国家标准、行业标准和地方标准相继出台，但是从总体讲，配套性和系统性还不够，与信息化发展的要求相比显得比较滞后。进一步完善档案信息化标准规范体系，是当前档案信息化面临的迫切任务。

#### 1. 标准规范建设的原则

制定我国档案信息化标准规范，要符合我国国情，符合国家信息化工作的基本方针，同时兼顾与相关国际标准和发达国家档案信息化标准的衔接，并且遵循以下原则。

##### （1）适度超前原则

档案信息化标准是对档案信息化建设过程中出现的各种重复性事物和概念所做的统一规定，标准的对象在档案信息化建设中是随着时间的变化、技术的更新而不断变化的。因此，在档案信息化标准规范建设过程中，要考虑信息时代和网络环境的变化，要有前瞻性和预见性，能在一定程度上预测社会和技术的发展方向，并充分考虑相关标准的制定时机，坚持适度超前原则。标准的制定时机过于超前，可能会使标准因缺乏实践基础而偏离主题，甚至给档案信息化工作造成误导；过于滞后，则会造成大量既成事实的不统一，需要耗费大量的人力、物力进行返工统一。档案信息化标准规范建设，要在有初步经验的基础上，根据现实情况并结合未来档案信息化发展状况开展相关工作。

（2）坚持开放原则

当今社会是一个开放的社会，各行业的开放程度、行业之间的交叉融合程度越来越高。在进行档案信息化标准规范建设过程中，应自始至终坚持开放性原则。

1）要采纳各种开放标准

开放标准是指那些知识产权明确属于公共领域、采用开放语言和标准格式描述、有可靠的公共登记和持续的维护机制、有可靠的开放转换和扩展机制、公开发布详细技术文件并可公共获取的标准规范。在档案信息化标准规范建设过程中，首先应考虑采用开放标准，既可以避免重复劳动，又可以保证较高的标准化水平。

2）要采纳各种国际标准

国际标准是由国际标准化组织所制定的标准，是由世界各国的专家参与制定的，它含有大量科技成果和成熟的管理经验，代表着当代科学技术和生产管理水平。档案信息化建设并不是我国独有的工作，世界各国的同行们都在进行这项工作，其中不乏一些起步较早、水平较高的档案信息化建设案例。在档案信息化标准体系建设过程中，我们应认真学习先进的国际标准，并根据自身的实际情况进行定制、修改及扩展，既能保证标准水平的提高，又能加快我国档案信息化建设与国际接轨的速度。

3）要参照相关专业的信息化标准

档案工作与图书馆工作、情报工作、博物馆工作等相关专业工作存在着一定的相似性。在进行档案信息化标准体系建设过程中，应当充分吸收相关专业在信息化标准建设方面的成功经验，尤其是图书馆在信息化标准体系建设方面较成功的经验。

4）要考虑与相关标准的兼容性

在制定本单位、本行业标准规范时，要注意处理好和国际、国内信息界相关标准规范的兼容关系，还要注意和其他相关领域，如电子政务、数字图书馆建设之间的兼容关系，特别要处理好与国际、国家、行业、区域有关标准规范之间的兼容关系，以便在档案信息系统建设后能与其他相关系统顺利衔接，资源共享。

（3）动态管理原则

档案标准化过程并不是一蹴而就的，而是需要在实践中不断补充、提高、扩展的。动态性原则是指要根据档案信息化建设的实践发展，对标准不断进行修订、充实和完善。档案信息化建设是一个长期的过程，在这个过程中，标准规范的对象会随着时间的变化而不断发生变化。特定的标准是根据特定的时间、特定的环境、特定的对象制定的，虽然要求标准制定者在制定标准时，要充分考虑到未来的变化，但是预测与变化往往会有偏差。因此，标准制定完毕后，要根据实施情况及规范对象的变化及时进行修订。由于信息技术发展迅猛，因此，对于档案信息化方面的标准，实施后 3 ～ 5 年就要进行审视。对于不适应实际的标准，要及时废止；对于部分不适应，要及时部分更新；标准规范的制定或修订既要针对档案信息化出现的新情况和新问题，又要尽量继承以前标准规范的条款，保持标准的稳定性，避免大起大落，以免使实践工作无所适从，陷于被动。

2. 标准规范建设的主要内容

档案信息化标准规范建设可以从管理、业务、技术和评价等层面来制定和推行。

（1）管理性标准规范

管理性标准规范是对电子档案信息资源建设和档案信息化建设、运行维护工作进行管理的一套规则，包括计算机安全法规与标准、数字档案信息资源合法性的确认等，它需要国家档案行政管理部门统一制定并推广实施，以保证电子档案信息的统一规范和资源共享。

档案信息化管理性标准规范包括两个方面。一是对人的管理性标准，主要是指对与档案信息化建设相关的人员进行管理的标准，包括档案工作人员管理标准、软件设计人员管理标准、用户管理标准、用户角色控制标准、用户权限审批标准等，明确档案工作人员的职责和任务，以及用户的权利和义务，以保证档案信息化建设各项工作的正常开展。二是对物的管理性标准，主要是指对数字档案信息资源实体的全过程规范化管理，以及对信息化设备，如机房、硬件、软件存储载体的规范化管理，主要规范这些资源可以给谁用、如何使用和如何保管的问题。

（2）业务性标准规范

业务性标准规范是对档案信息化及电子档案业务处理进行的规定，以解决业务操作行为不统一的问题。其范围包含与档案信息化相关的术语标准：档案信息采集标准，包括数字信息资源建设所涉及的数字化加工、元数据、资源创建、描述等；信息管理标准，包括数字信息资源组织、资源互操作；信息利用标准，包括数字信息资源检索、服务；信息存储标准，包括数字信息资源长期保存等；电子档案的术语标准及管理规范，包括电子档案的基本术语、资源的标识、描述电子档案的文件格式、元数据格式、对象数据格式等，如《电子档案管理基本术语》（DA/T58—2014）。

（3）技术性标准

规范技术性标准规范是对档案信息化及电子档案管理有关技术应用进行的规定，主要解决技术应用不适当而导致的质量问题。其范围包括硬件基础设施建设技术标准、软件系统工作平台技术标准、数据存储压缩格式规范、数据长期保存格式规范、数据加密算法规范、网络数据传输规范、数字水印标准等。

（4）评价性标准规范

评价性标准规范是对档案信息化及电子档案管理的成果和效用进行评判的指标体系，包括档案信息系统（包括数字档案室、数字档案馆、电子文件归档管理等系统）的研制、档案信息资源的开发和利用、信息安全、信息技术应用的广度和深度、信息化人才开发、信息化的组织和控制、信息化的效益等评价的标准。其中信息资源开发和利用应该是测评指标体系中的重要部分，可细化为馆（室）藏档案数字化的数量、多媒体编研成果的种类和数量、数字信息的提供利用方式、数字档案的利用频率等。

3. 标准规范的贯彻落实

标准一旦颁布生效就应当具有严肃性和权威性。为了更好地落实档案信息化标准规范，要做好以下工作。

①档案信息化标准规范的宣传教育。通过举办专题培训班，或将有关标准内容纳入档案专业培训课程，宣传有关标准规范贯彻的意义、目的、内容、要求。

②采取行政手段，加强对档案信息化标准规范的宣传贯彻力度，做好常态化督促、检查和指导工作。

③将档案信息化标准规范的执行情况纳入信息化项目的评审、鉴定、验收程序和要求中，贯标通不过，责令整改，整改通不过，项目不予通过验收。有了规范要做规矩。所谓"做规矩"就是要对不贯标的档案信息化建设项目敢于否定，对貌似可行的违反规范项目及时制止。从建设项目立项评估、可行性研究等前端开始，就给予强有力的标准指导和贯标监管。

④档案信息化标准规范建设要与时俱进。档案行政管理部门要收集贯标工作的信息反馈，及时发现标准规范脱离实际的情况，以便在调研分析的基础上对有关标准规范进行修订。

⑤档案信息化标准规范的修订要倾听行内有关领导、专家、业务骨干、计算机专业人员的意见，充分参考图书、情报、文博、电子商务、电子政务等相关标准，以便使标准规范做到向上、向下和横向兼容，确保其开放性、先进性和适用性。

## （三）信息安全保障体系

档案是国家的宝贵财富，是不可再生的重要信息资源，又具有一定的保密性，因此建立档案信息安全保障体系显得尤为重要。

档案信息安全保障能力已经成为检验档案信息资源的保护能力、利用服务能力和档案事业软实力的重要指标。

档案信息安全，是指构建动态的档案信息安全保障体系，确保档案信息的真实性、完整性、保密性、可用性、可控性。要保证档案信息的安全，就必须考虑到硬件、软件、数据、人员、物理环境、人文环境等多方面要素。档案信息系统的复杂性、开放性及面临威胁的多样性，决定了其安全防护是一项整体性的、综合性的系统工程。

档案信息安全保障体系由档案信息安全法律法规体系、安全管理体系和安全技术体系三部分组成。下面主要讲述前两个体系。

### 1. 安全法律法规体系

信息安全首先需要建立档案信息安全法律法规体系，做到有法可依。该法律法规分布于档案专业的内部和外部。内部有涉及安全问题的档案法律法规，外部有涵盖档案管理的信息安全法律法规。

#### （1）涉及安全问题的档案法律法规

《中华人民共和国档案法》（以下简称《档案法》）是我国档案法律法规的基石，在《档案法》及其实施办法的基础上，近年来我国档案界陆续制定出一些关于或涉及档案信息安全的规章、标准和规范性文件。例如：国家档案局2002年颁发的《全国档案信息化建设实施纲要》中有针对档案信息安全的具体规定；2013年组织制定了《档案信息系统安全等级保护定级工作指南》以落实国家信息安全等级保护制度。很多地方和单位也颁发了档案信息安全保管方面的规章制度例如：上海市档案局颁发的《上海市档案条例》《上海市档案信息化建设实施意见》中均有关于确保档案安全的条款；江苏省档案局颁发的《江苏省档案信息化建设保密管理办法》、黑龙江省档案局颁发的《黑龙江省档案信息化建设保密管理办法》等都专门针对档案信息化安全体系建设。

#### （2）涵盖档案管理的信息安全法律法规

我国档案信息化建设尚处发展初期，专门针对档案信息安全制定的法律法规较少，档案信息安全法律法规体系的主要内容仍由涵盖或涉及档案信息安全的信息安全法规构成。这些综合性的信息安全法律法规为档案信息安全提供了基本的法律规范，也应列入档案信息安全法律法规知晓和执行的范畴，同时，对制定和完善档案信息化的专门法律法规具有依据和参考价值。

我国自 20 世纪 90 年代初开始重视信息安全的法律法规建设。1997 年 3 月修订的新刑法中开始加入了信息安全方面的内容。《中华人民共和国刑法》第二百八十五条规定："违反国家规定，侵入国家事务、国防建设、尖端科学技术领域的计算机信息系统的，处三年以下有期徒刑或者拘役。"第二百八十六条规定："违反国家规定，对计算机信息系统功能进行删除、修改、增加、干扰，造成计算机信息系统不能正常进行，后果严重的，处五年以下有期徒刑或者拘役；后果特别严重的，处五年以上有期徒刑。违反国家规定，对计算机信息系统中存储、处理或者传输的数据和应用程序进行删除、修改、增加的操作，后果严重的，依照前款的规定处罚。故意制作、传播计算机病毒等破坏性程序，影响计算机系统正常运行，后果严重的，依照第一款的规定处罚。"第二百八十七条规定："利用计算机实施金融诈骗、盗窃、贪污、挪用公款、窃取国家秘密或者其他犯罪的，依照本法有关规定定罪处罚。"这些条文从惩戒计算机犯罪的角度来保障网络系统的安全。作为国家最重要的法律之一，刑法条款对计算机犯罪具有相当的威慑力。

在行政法规与规章方面，国务院、各级地方政府陆续制定了一系列信息安全规范。归纳起来，国家和地方各级政府制定的有关信息安全的法规制度，主要是从机房建设的安全保护规范、通信设备进网认证制度、国际接口专线制度、国际联网经营许可证制度和接入登记制度、联网备案制度、安全等级制度、安全产品销售许可证制度、保护信息安全规章、网络利用限制和安全责任制、计算机病毒防治制度、安全报告制度、安全违规犯法惩治制度等方面对信息安全进行规范。

国内许多行业还根据自身的实际情况制定本行业的信息安全保护规章。

在上述安全法规的基础上，档案界加强了对档案信息安全的行政执法，认真查处档案信息安全隐患和档案违法案件。随着信息技术的不断发展，档案工作者应不断进行档案信息化安全管理的研究以及跟踪最新的安全技术，对档案信息化安全管理工作的效果进行及时的分析和评估，不断完善安全防范体系。在保障档案信息安全的过程中，逐渐健全档案信息安全管理制度，提高管理人员的安全意识以及管理水平，充分发挥档案工作人员、技术人员以及用户的积极作用，为推动我国档案信息化安全保障工作贡献力量。

## 2. 安全管理体系

档案信息安全是基于技术的管理工程。从管理层面上讲，就是要确保档案信息的安全，必须在风险分析的基础上确立档案信息安全的策略、方针和目标，成立相应的管理机构，确立合理的管理机制，制订安全管理计划，分解安全管理职责，执行安全管理制度和管理标准，建立并实施完善的档案信息安全体系。因此，风险识别与风险评估是档案信息安全管理的基础，风险控制则是安全管理的最终目的。

新的风险在不断出现，档案信息系统的安全需求也会随之不断变化，因此安全管理应是动态的、不断改进的持续发展的过程。我们可以建立档案信息安全系统管理模式。档案信息安全管理模型可选择 PDCA 模式，即计划（Plan）、执行（Do）、检查（Check）和行动（Action）的持续改进模式。采用 PDCA 管理模式，每一次的安全管理活动循环都是在已有的安全管理策略指导下进行的，每次循环都会通过检查环节发现新的问题并采取行动予以改进，从而形成安全管理策略和活动的螺旋式提升，如图 3-2-1 所示。

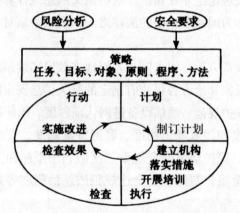

图 3-2-1　安全管理模型——PDCA 持续改进模式

信息安全管理 PDCA 持续改进模式把 PDCA 管理模式与安全要求、风险分析有机地结合在一起，考虑了信息安全中的非技术因素，同时加强了信息安全管理，具有广泛的适用性。

## （四）人才队伍保障体系

### 1. 预测与规划

人才的引进与培养不可能一蹴而就，特别是从档案队伍中培养信息化人才需要较长的时间。为此，各单位要按照本单位、本行业档案信息化长远规划和可行条件，分析人才总量、结构、分布与需求的差距，对人才需要进行前瞻性预测，对人才引进和培养方式进行决策、制订计划、纳入编制，然后有步骤地引进和培养人才。规划要综合考虑人才的知识结构、技能结构和类型结构。

2. 组织与管理

（1）加强人才队伍建设工作

各机构要真正树立起科技是第一生产力和人才是"第一资源"的意识，把档案信息化人才队伍建设工作摆上重要议事日程，定期讨论研究，解决人才配备、培养、使用中遇到的难题。

（2）加强人才资源的行政管理

人力资源管理人员：要注重发现有潜质的人才，将他们安排在适当的岗位，为他们提供施展才华的舞台；要培养人才的创业精神和实践能力，对在信息化建设中做出贡献者给予必要的奖励；要提供必要的工作条件，保障经费，加强对信息化人员的继续教育和岗位培训，提高他们的综合素质、服务意识和档案信息安全意识；要重视对人才理论、人才成长规律和管理规律的研究，学习借鉴国外人才资源开发的经验。

（3）加强督促检查，狠抓落实

要定期对档案信息化人才队伍建设情况进行调查研究、督促检查。要建立一套符合人才成长规律的工作制度和人才成长的良好氛围，为建设素质优良、结构合理、队伍稳定、技术精湛、经验丰富，并具有敬业精神的档案信息化人才队伍提供各种支持条件。

3. 培养与使用

（1）人才培养途径

1）对现有档案人员的教育与培训

加强档案业务人员培训是解决档案信息化建设所需人才的主要措施，是提高现有档案人员信息化能力和技能的主要途径。

在培训内容方面：要坚持各级档案部门领导干部进修制度，把档案信息化建设相关的计算机应用基础知识、数字化技术知识、网络技术知识、现代管理技术知识等列入指导性教学计划；要加强对档案业务人员应用新技术、新设备、新方法的培训，普及信息技术知识，提高档案业务人员掌握和运用现代化技术的技能。

在培训方式方面，要把档案部门自主培训和社会辅助培训结合起来，发挥各方面的优势，增进培训效果。档案部门自主培训的方法包括：建立人才培训中心，根据实际需求分期分批地进行轮训，有条件的单位可以设立研究机构，培养高级信息人才。借助社会协助培养包括：利用自身优势，加大档案信息专业培训力度，与国内外教育或信息、技术机构合作建立人才培训中心，选拔有培养前途的档案业务人员进行深造。不管采取何种培训方式，首要的一点是要有科学的规划和必要的投入。有了规划，人才培训机制才能得以建立，培训工作才能坚持始终。投入，则是培训工作的资金保证。没有投入，即便有再好的规划，培训工作也难以落实。同时，要把档案信息化建设的实践作为锻炼队伍培训人才的过程，成为边学习、边实践，不断总结、不断提高档案业务人员信息化建设能力和实际操作技能的过程。

2）引进人才

档案信息化建设需要的信息技术、信息管理专业人才，很难在短时期内从档案工作者中培养。为了满足急用之需，需要从社会上引进 IT 人才。引进的人才一定要综合素质高，事业心、责任心强，信息技术能力强，团队协作意识强。为此，在引进人才时要严格审核，特别要考察其解决实际问题的能力，避免盲目引进。对引进的 IT 人才，要尽快使其掌握档案理论和业务知识。

3）短期聘用人才

IT 人才也分各种层次和专长，他们适用于档案信息化建设的各个阶段和岗位，如系统分析员适用于系统建设的前期阶段。该阶段结束后，就不需要系统分析员了。因此，档案信息化建设中涉及的一些高级技术人才和纯技术性工作的人才，可以用外包、合作或聘用的办法加以解决。档案信息化建设所需要的法律人才、外语人才、多媒体编研人才、数据库管理人才、系统维护人才，也都可采取这种方式解决。

（2）人才培养方式

人才培养的方式应当是多层次的。高等院校是档案信息化专业人才的培养基地，具有较强的师资力量、较高的科研水平和完备的教学设施，是我国档案人才培养的骨干和主体。然而，这些院校现有的教学规模仍不能满足档案信息化人才发展的需要，而且单纯的学历教育难以满足档案信息化实践的需要。因此，必须通过继续教育、岗位培训、专题短训等方式，对具有档案专业背景和信息技术背景的人才，按照"缺什么，补什么"的原则，进行各种专业知识和技能的突击培训，完善人才的知识结构，以解档案部门复合型人才缺乏的燃眉之急。

（3）人才的使用

档案信息化建设要想吸引人才、留住人才，调动人才为档案事业奉献的自觉性和主动性，就需要：制定相应的人才吸引政策；关注和解决档案信息化人才的切身利益；给人才安排适当的岗位，使其发挥专长；给人才提供继续教育和实现自身价值的机会，真正做到以"事业留人""感情留人""适当的待遇留人"，真正做到人尽其才，才尽其用。

## 二、信息化档案馆体系的建设

数字档案馆的运行维护由档案馆内部设定的技术部门来开展，由数字档案馆的专业维护团队开展。

### （一）数字档案馆

#### 1. 数字档案馆的主要特征

数字档案馆运用数字网络化方式对文件生命周期内所有的实践过程进行有序管理，包括文件的收集、创建、确认、转换、存档、管理与发布等所有环节，同时在一定范围内可组合运用不同的载体形式对档案信息进行存储，实现网络资源的共享，进而体现档案电子信息服务的现代化与自动化。数字档案馆的特征主要表现在以下五个方面。

①档案信息数字化。数字档案馆内存储的档案信息是运用计算机手段处理过的数字化信息，这些信息能被计算机识别，并通过多种形式向利用者提供信息服务。

②网络作为信息的传输通道。数字档案馆的存在是离不开网络的，可以说借助于网络数字档案馆的传输环境才得以现代化。

③以用户的信息需求为服务中心。当用户有档案信息需求时，借助于计算机网络系统，在特定的权限范围内即可远程联机浏览、利用信息数据库。用户只需在家里或办公室的终端前即可获取所需信息，不必亲自到档案馆进行查阅。如果用户在使用过程中遇到问题，只需在线联系档案工作者即可获得帮助。

④多种高新技术组合运用。数字档案馆作为多种系统的集合体，涵盖了数字信息保存系统、集成系统与内容管理系统等多种高新技术系统，其管理对象主要为非结构化数据。在运行过程中，数字档案馆除了发挥数据中心与发布利用的作用，还具备极强的有序处理与集成管理功能。

⑤馆藏容量庞大。在现代化网络技术与数字化技术的支持下，数字档案馆的馆藏容量得以扩大，不仅能将大量的馆藏信息存储于光盘内，还能将不同类型的档案信息设置在相关体系内，以此实现馆藏资源的共享。

此外，根据类型特点，数字档案馆可以分为单一型数字档案馆、区域型数字档案馆、服务型数字档案馆。其类型、主要优点、关键问题和挑战，如表3-2-1所示。

表3-2-1　数字档案馆类型、主要优点、关键问题和挑战

| 数字档案馆类型 | 单一型数字档案馆 | 区域型数字档案馆 | 服务型数字档案馆 |
|---|---|---|---|
| 主要优点 | （1）便于信息生产者自身重复利用电子文件，也便于保持文件内容的一致性<br>（2）可以刺激组织（机构）进行经费投入以保存自身的电子文件资源，从而减轻了档案管理部门的投入压力<br>（3）可以减轻因为电子文件数量的急剧膨胀而导致的海量数字资源的管理和维护的压力<br>（4）可以暂时不需要制定统一的原始文件格式标准<br>（5）不存在立档单位对电子文件中心的不信任问题 | （1）由档案馆来保存和管理立档单位的电子文件可以保证电子文件的可靠性和可用性<br>（2）档案馆之间的数字资源共享将容易得多<br>（3）各档案馆可以按照各自的客户要求提供有针对性的服务<br>（4）多个档案馆负责存储数字资源，能够减轻面向海量数字资源管理的压力<br>（5）由于管理体系没有做根本的改变，因此没有太多的适法问题 | （1）大大减少了重复建设，节约了建设成本。节省下来的资金可以更好地投入数字资源的保存和利用中去<br>（2）能够更好地执行统一的标准<br>（3）各级档案馆不再需要配备大量的人力、物力进行数字档案资源的维护<br>（4）可以更好地对技术本身进行跟踪，并及时地实现更新<br>（5）彻底改变了管理流程和管理体系，信息技术不再仅仅是档案管理的支撑，而是融入档案业务中 |
| 关键问题和挑战 | （1）组织（机构）发展不均衡，当电子文件存储和管理成为一种不小的负担时，有些组织机构可能发现负担很重<br>（2）有些部门可能只是为了保存而保存，而不能有效地提供对外的访问服务<br>（3）对于有些业务数据可能需要开发专门系统来为用户提供服务<br>（4）档案管理部门管理复杂性增大 | （1）面临重复建设和资金的障碍<br>（2）各档案馆都要组织一批专业开发和维护队伍<br>（3）由于发展不平衡，有些档案馆经费可能不足，造成整个数字档案馆的资源不完整<br>（4）由于没有对业务流程和管理体系做根本的变革，影响了信息技术效率的发挥<br>（5）立档单位对各电子文件中心是否有充分的信任仍然是个问题 | （1）集中模式需要涉及管理体系的变革，因此必须协调多方面意见，并征得上级主管部门的认可<br>（2）如果实行电子文件和数据资源集中管理，存在适法问题<br>（3）立档单位对中心保管部门是否有充分的信任存在问题<br>（4）现行信息系统如何与新的系统进行对接需要解决 |

**2.数字档案馆的重要基础**

计算机多媒体技术是数字档案馆的重要基础。在信息时代背景下，数字档案馆作为计算机多媒体技术发展的产物，立足于时代发展需求，实现了传统档案馆的质变。

数字档案馆的建立主要借助信息时代背景下的计算机多媒体技术，它向社会展示了未来档案馆的发展前景，同时还使档案馆数字信息的收集、利用、共享与管理等工作领域得以有效拓展，为用户提供了更加便捷、高效的档案信息服务。

在具体实践与运行中，数字档案馆充分利用了计算机、数据库、多媒体、数字影像、扫描、存储等先进的技术，将存储于不同载体的档案信息转化为数字化信息，并以数字化形式进行传播、存储与利用，通过运用计算机系统，形成了规范有序的档案信息库，为信息资源共享的实现奠定了良好的基础。

**3.数字档案馆带来的变化**

**（1）档案载体的变化**

在信息时代，办公自动化与无纸化发展趋势日益显著，大量电子文件产生，逐渐取代了传统的纸质文件，并成为档案信息的主体。在未来的发展阶段，档案馆的主要管理对象将变成电子文件，同时数字化信息也成为档案馆收集、整理、保存与利用的主要档案信息。这类信息的主要载体是计算机可读写介质，通过计算机手段进行处理，并借助网络技术进行传输。

**（2）收集方式的变化**

在信息时代背景下，计算机通信技术与多媒体技术飞速发展，数字档案馆应运而生。可以说，数字档案馆的运行与使用离不开网络系统的支持。现如今，办公自动化程度逐渐加深，档案的计算机管理方式也由原来的单机管理转变为现在的综合系统管理，档案管理系统隶属于办公自动化系统，在办公自动化系统的影响下逐渐发展成熟。

**（3）文档管理方式的变化**

数字档案馆的建立实现了文档一体化管理，利用网络系统不仅能实现对电子文档的接收与管理，还能为用户提供更加便捷的服务。在文档一体化管理模式下，用户档案的录入、归档、整理、检索与打印等工作能一次性解决，不仅有效提升了工作效率，而且减轻了档案管理工作者的工作压力，降低了其劳动强度。

（4）服务方式的改变

数字档案馆的建立使人们的档案借阅方式发生显著变化，用户在家里或办公室里就能获得馆藏资源，这为用户提供了极大的借阅便利。另外，通过对数字档案馆的开发与建设，档案工作者不再仅仅负责重复简单的查阅、调卷工作，而是将更多的精力与时间放在对档案信息数据的整合与管理上，使更多有利用价值的档案信息被充分挖掘出来，在为用户提供丰富的档案资源的同时，促进了数字档案馆的良性发展。

（5）保管方式的改变

在数字档案馆的管理工作中，馆藏资源及档案载体的特殊性决定了档案保管方式的复杂性。在档案管理中，需要对电子档案信息进行定期保存与维护，在保证档案信息可读性与可用性的同时，确保档案信息安全。因数字档案保管方式的变化，应加强对档案载体的安全保护，避免因突发状况导致信息丢失或泄露，应对档案信息进行定期检测与转存，维护数字档案的物理环境。同时，应注重对电子档案形成所需的相关信息及软硬件设备的维护，在保证档案信息可读性的同时，正确处理资源共享与保密工作之间的矛盾。

## （二）智慧档案馆

### 1. 智慧档案馆的概念

在智慧城市、智慧校园等智慧生态快速发展的环境下，档案馆正在从当前重视馆藏档案资源数字化管理，向档案馆全面信息化管理的智慧模式转变，智慧档案馆已逐渐代替传统的数字档案馆，成为档案界最前端的理念。数字档案馆将传统纸质档案进行数字化处理并保存，通过计算机、网络向用户提供查询和利用服务，是一次档案信息脱离载体的解放；智慧档案馆作为档案馆发展的新形态，通过云计算、大数据、物联网等新技术实现对档案信息及其载体的智慧管理，以及对档案利用者的智慧服务，从而构建档案馆管理与运行的新形态、新模式。这种转变不仅出自档案管理理论和实践本身的发展需求，更有来自社会变革、服务演进的深层次需求。

### 2. 智慧档案馆建设的具体内容

（1）库存档案的数字化

1）库存档案数字化建设的重要意义

目前来讲，纸质档案数字化工作的实施，能够在对档案馆实际运行情况进行充分分析的基础上，科学制订具体的工作计划，对档案扫描范围进一步明确，对于利用价值高、利用面广、使用频率高且需要加强保护的纸质档案进行优先保存与利用，强化档案数字化建设实效，促进资源共享的进一步实现，并为社会、学校各项工作提供有价值的信息资源。从以上分析来看，档案数字化建设具有非常重要的现实价值。但在实际操作过程中，仍然存在着诸多问题，影响档案数字化建设，如数字化档案的科学鉴定、数据库的建立以及数字化文件的存储格式等，这些问题并非短时间内就能完全解决的，需要档案工作人员的精心策划与科学组织，以保证档案数字化建设工作按照预期计划进行。

2）库存档案数字化的具体实践

①科学选择库存档案，明确界定数字化加工范围。

首先，优先保护价值高、年代久远、保护急迫性强的档案。对于年代久远、珍藏价值高或出现破损、字迹模糊的珍贵档案，进行优先扫描，将其输入档案管理系统，通过数字化的实施，减少此类档案的利用频率，有效解决珍贵档案保管与反复利用之间的矛盾，进而实现对珍贵纸质档案最大限度的保护。例如，南京师范大学档案馆在档案管理工作中，因金陵女子大学档案的年代较为久远，且已出现档案破损、字迹退化的现象，优先对其实行全文数字化，在满足其信息利用价值的同时，使这批珍贵档案得到有效保护。

其次，尽量选择利用率高的档案。以日常借阅登记与利用情况为依据，明确利用率高的档案，并将其列入数字化范畴。例如，对于高校录取新生名册档案来说，学生的基本面貌、教育经历、高考成绩、考生类别、所选院校与专业等各种重要信息均包含在新生名册档案里。学生进入社会后，高校录取新生名册档案成为证明学生资历情况的"名片"，在教学评估、学生求职等方面发挥着重要的参考作用，这也在很大程度上提高了这类档案的利用率。对于此类档案，应将其列入数字化的考量范畴内。

最后，坚持适宜性原则。在档案数字化建设中，并非所有档案均适于数字化，许多档案受技术因素的影响，难以达到理想的数字化转换效果，或者部分档案信息容量过于庞大，再加上转换速度慢，利用起来存在诸多不便，这类档案就不需要强行实施数字化，待数字化技术更新至能轻易解决以上问题时，再实施数字化转换。除此之外，在传统纸质档案管理中，许多档案已经装订成册，如果强行拆开就会损毁档案，不拆开就达不到良好的扫描质量要求；还有许多年代久远的珍贵档案，在常年储存过程中，或发生霉变，或被虫蛀，或纸张脆弱不堪反复翻阅，

93

在扫描过程中容易导致其损坏。对于以上种类的档案，可利用数码相机进行拍摄，不仅能获得良好的图像采集效果，还在很大程度上保护了珍贵档案，提升了工作效率。

②明确制订档案数字化扫描计划。在档案数字化建设中，必须首先明确档案扫描工作计划，科学分工，强化部门合作，保证扫描工作的顺利实施。例如，许多档案馆在数字化进程中，一般采取扫描外包的工作方式，将扫描工作交由专门的数字化加工企业，并通过签署协议的方式明确扫描质量要求。但是，因档案信息资料的保密性与重要性，在实施扫描工作前，需要派专人负责档案的出入库登记工作，同时确定扫描加工地点，避免纸质档案在扫描过程中出现信息丢失、泄露或档案损毁的问题。从以上分析可知，要想在数字化扫描加工过程中保证信息安全，就必须首先对各种影响因素进行充分考虑，并制订详细的扫描计划，对可能出现的问题预先做出解决方案，保证数字化加工过程的顺利进行。

③合理创建档案目录数据库，保证信息质量。在档案数字化建设过程中，目录数据库的创建是重中之重。目录数据库，即通过构建档案主题、类别及代码，与相关的档案内容形成链接，保证信息查找的精确性，提升检索效率。可以说档案目录数据库的创建是保证档案全文得以充分利用的重要基础，不仅能将档案信息全面反映出来，还能为用户提供完整、动态的档案信息服务。因此，在创建档案目录数据库时，应遵循档案著录的相关规则，将档案目录与扫描图像进行精确对接，保证目录与图像的相互对应，提升网络信息检索的精确性，为用户提供良好的检索体验与服务。

④保证数字化加工文件存储格式的正确性。现如今，科学技术迅速发展，在为档案数字化建设带来发展契机的同时，也为电子档案的管理工作带来诸多难题。在档案数字化建设过程中，应选择一种适用性强的档案存储格式，使数字档案摆脱传统数据库的束缚，减少因软件或设备不断更新导致的不良影响，保证数字档案的长期保存。例如，当前许多数字方案是以 PDF 格式来存储的，这种格式的通用性非常强，不易篡改，不仅具有原版显示效果，而且传输速度非常快，能为用户带来良好的信息使用体验。

（2）增量档案的电子化

在档案数字化建设中，可制定电子文件管理联席会议制度，明确电子档案管理规则，强化电子档案数字化管理，并对电子档案归档工作进行严格管理，运用三级协同办公系统对电子档案进行管理与保存一体化工作，完善电子档案收集、归档与移交工作流程。另外，在档案数字化处理与电子档案的归档工作中，要加强数字化成品质量管理，保障档案信息安全，避免数字化处理手段对档案原件造成损坏。

（3）加强一体化系统管理

加强一体化系统管理，即将办公自动化系统与档案信息系统进行对接。目前阶段，大多数单位的办公自动化（OA）系统与档案信息管理系统并未实现对接，而是相互独立运行与使用的，OA系统运行中产生的数据是无法直接与档案信息系统相统一的，需要对其进行重新录入。通过对单位OA系统与档案信息系统的对接，实行一体化系统管理，能有效降低劳动强度，避免重复工作，提升工作效率。

1）实行一体化系统管理的建设目标

①实现数据交换与存储一体化。将单位OA系统在运行中产生的数据信息按照特定格式存入档案信息数据库，实现实时归档、定时归档。在这一操作下，可使电子档案标题、文号、发文单位及日期等信息自动归档，与档案信息系统数据库相关字段进行自动对接，同时可使包括图像在内的电子档案全文存储于服务器特定文件夹内。

所谓实时归档，即发文在文件发布时归档、收文在文件办结时归档。定时归档，即系统运行中产生的新数据信息在预先设定好的时间自动归档。

②提高数据信息的利用率。对单位OA系统内的已有数据进行重新组合，按照预先制定的规则形成新的数据信息，以此降低劳动重复率、提高数据利用率，在提升档案管理质量的同时，充分发挥档案数字化建设效益，促进档案工作的科学发展与稳定运行。

③维护系统稳定，保障信息安全。在数据信息的传输中，要充分保障OA系统与档案信息系统的运行稳定性与信息安全性。保障信息安全性主要指保障两套系统中的原有信息以及传输信息的安全性，在保证信息传输对数据库的正常运行不产生影响的前提下，确保电子档案信息的真实性，确保档案凭证功能的发挥。

2）实行一体化系统管理的建设方案

当前阶段，加强OA系统与档案信息管理系统的一体化系统管理与建设，主要通过以下两种途径。

一是联机传输归档。要改变OA系统与档案信息管理系统相互独立的现状，加强对两套系统的整合利用，在网络技术的支持下将电子数据信息直接录入档案信息系统，实现两者的无缝对接。要想实现这一归档效果，需要采用通用数据接口，以此为介质实现数据信息的跨平台传输。其主要工作原理如图3-2-2所示。

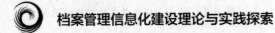

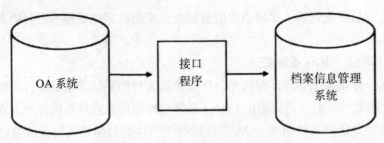

图 3-2-2　联机传输归档工作原理

将接口程序整合在 OA 系统上，向用户展现的是"归档"按钮。当用户点击此按钮后，就能与档案信息系统数据库进行连接，并通过接口程序将公文数据信息传入数据库。同时，"归档"按钮仅出现在"已办结文件"的显示界面中，且只有拥有数据导出权限的用户才能操作此按钮。就公文的导出方式而言，可依据需求选择单条导出或批量导出。其中批量导出可一次性导出上百条信息，可选择定时或实时导出，此方式能节省大量的时间。在选择定时导出方式时，一般选择当天产生的新数据在夜间定时传输；而实时导出则是 OA 系统出现新数据后能自动连接至接口程序，实现数据向档案信息系统的实时传输。总之，不管是选择定时导出还是实时导出，都体现了数据传输的自动化。

二是数据库中心传输归档。受多种因素的影响，各个组织、单位在档案信息系统的建设过程中，因数据源及信息系统的差异，导致数据信息类型及信息访问途径存在较大差别。这些差别的存在使得各组织、单位等的信息系统与数据源之间无法实现信息共享与数据传输，进而形成"信息孤岛"现象。就目前阶段而言，各个组织和单位等应以自身运行情况为依据选择处理方案。如果原有系统正常运行，则可选择系统整合方案，将原有数据信息纳入数字化信息系统中。如果原有系统较为落后需要新建系统，对于新建系统，则需要统一标准，保证其正常运行。总而言之，不管是整合系统还是重建系统，数据库中心的建立是实现信息共享与数据传输的根本途径，同时也是核心工作。通过数据库中心的建立，档案信息管理系统要想获取 OA 系统中的数据信息，无须再进行联机或脱机，直接从共享数据中心即可获得。

3. 数字档案管理网站的规范建设

（1）档案管理网站建设的必要性

档案管理网站的建设，首先应明确目标定位，以馆藏档案资源的具体情况为依据，明确检索出具有自身发展特色且有社会影响力的信息、内部发展所需信息、社会公众期望获得且可公开的信息。应通过逐项整理与盘点，将其分门别类地发布至档案管理网站，为社会与组织的发展提供信息服务。要加强档案管理网站的规范建设，应首先明确档案网站建设的必要性，具体分析如下。

1）满足组织内部管理需求

档案管理工作的主要职能为管理职能与服务职能，其中管理职能包括档案工作的法规制度宣传、业务规范指导、档案源头信息整理等，服务职能包括向社会公众及档案馆以外的机构提供信息检索与访问服务，满足其信息需求。在相关的档案管理实践中，可借助档案管理网站将业务规范及操作要求传达给相关人员，在提升工作实效的同时降低人员工作强度。同时，档案馆应定期将其所掌握的机构内部管理规范信息向公众传达，为相关部门的信息使用与查找工作提供便利，提升工作透明度，充分体现管理的公正性与公开性。

2）满足公众权益保护需求

现如今，我国信息资源建设也受到了社会公众的广泛关注。而作为信息资源建设的重中之重，档案管理工作也顺应社会的发展趋势，不再局限于服务于组织内部建设，逐渐承担起向社会公众传递信息的责任，体现了信息化社会的发展形势。当前，很多组织与单位均建立了现代管理体制，为满足自身的信息化建设需求，必须建立档案管理网站，为信息化社会提供更多有价值的档案信息。

3）满足文化传播需求

档案资源中包含大量有价值的史料，通过档案工作人员的整理将其发布在档案管理网站上，供内部人员与社会公众进行查阅与传播，在传承优秀文化的同时促进社会文明进步。这些信息资料是现代社会的财富，能在一定程度上对社会公众起到鼓舞作用，形成积极向上的社会氛围。

（2）档案管理网站的建设思路

要想提升档案管理网站的建设实效，扩大信息覆盖面，提升信息查询利用效率，改善社会公众的信息服务体验，需要从以下五个方面着手。

1）将首页资源设置为信息目录导航模式

对于网站建设而言，首页作为门面担当，是改善用户体验的重要因素。因此，在建设档案管理网站时，需要加强首页管理，明确导航目录，使用户能迅速获取想要的信息。在首页元素的选择上，应充分体现组织风貌，适当选用一定的个性化元素，增加标志性较强的特色标志或建筑。

2）建立网站后台信息发布平台

一般而言，档案管理网站包含多种类型的信息栏目，如静态栏目（政策法规、机构设置、业务指南、信息查询及下载专区等）、动态栏目（公告通知、工作快报、活动动态等）与专业栏目（学术交流、科研项目进展、学科建设讲堂及优秀论文发布）等。通过建立网站后台信息发布平台，利用动态网页技术保证前台信息展示与后台数据库管理功能的充分发挥，对目录信息进行规范管理，为用户提供更加便利的信息服务。通过后台目录数据库的建立，对档案信息进行编辑并将其上传至网站，而前台则在固定栏目及版面中将后台发布的各类信息进行动态显示。因前台版面结构是相对固定的，根据数据库信息更新情况来更换信息内容，不仅能提升信息发布效率，还能保证信息的规范性。

3）综合运用多媒体展示方式

在档案管理网站的管理与维护中，可适当增加图片、视频等多媒体展示方式，使网站更具特色，信息更加生动形象，使用户能更加直观地获取信息，提升用户的使用满意度。对图片形式的运用，可通过虚拟展厅、网上展览的方式传播馆藏资源，使用户对发展历史、人物活动等内容产生直观感悟，达到文字所无法达到的传播效果。对视频形式的运用，则可以对历史原貌进行完整还原，使网站信息更加丰富，并为档案的编研与史料考证工作带来充分的资料。

4）增加馆藏目录配套发布端口

现如今，档案信息传播正向着数字化方向发展，使传统档案管理模式下用户被动接受档案信息的情况发生巨大改变。在档案管理网站中设置档案目录信息发布功能，提升了信息的利用度，提高了档案服务质量，同时还确保了档案信息的安全性。就馆藏资源而言，其信息种类庞杂，将信息录入数据库的工作强度非常大。因此，在档案管理网站增加馆藏目录配套发布端口，能实现档案信息在网站上的同步更新，既降低了档案信息录入工作强度，又为用户提供了一站式信息服务。

5）增设"人机"交互平台

要想促进档案馆服务职能的充分发挥，需要了解被服务对象的信息服务需求，以提供更具针对性的信息服务。在档案管理网站增设"人机"交互平台，既能冲破时间、地域的束缚，实现与用户的实时交流，拓展互动空间，获得档案史料的征集建议，又能充分体现网站的服务特色。但是，"人机"交互平台作为档案管理网站的子系统，具有一定的独立性，其建立对专业技术要求非常高，不仅需要实现用户的统一认证功能，确保资料上传与下载效果，还需要具备坚实的安全保障。这对网站技术人员的专业水平提出了更高的要求。

（3）档案管理网站的建立和维护模式

根据档案馆目前的工作实际与运作现状，研究选择、采用合适的研发和维护模式对档案管理网站建设起到相当关键的作用。

1）档案管理网站的建立与设计需要多方力量的支持

在档案管理网站的建立过程中，涉及不同领域、不同方向的工作，包括整体框架设计、模块信息采集、系统软件编制、硬件系统配置与维护、网站安全保障等。具体而言，需要文字信息编辑与撰写，网站前台的平面设计、动画与视频制作，网站后台的程序开发与数据库应用，等等。随着互联网技术的不断改进，网站设计功能也在不断更新，需要涉及管理学、档案学与计算机信息科学等多个领域，这更离不开各方技术人才的支持与配合。

2）档案管理网站的建设离不开经费支持

在档案管理网站的运行中，多人同时在线是非常常见的状态，这就对网站的稳定度与浏览速度提出了一定的要求。而要想维护网站的稳定运行，就需要不断改进硬件配置，更新软件系统，以此改善网站运行环境、改进硬件性能、维护系统稳定。在档案管理网站的建设中，在对硬件设备及软件系统进行更新时，需要耗费大量的物力与财力，这就有赖于组织机构的经费支持。

3）档案管理网站运营模式的科学选择

在档案管理网站的建设中，可采用以下运营模式：在网站建设初期，注重对网站软件系统与硬件设备的投入，科学规划网站建设目标，明确功能需求，并积极引进专业技术人才，加强人才技术支持，保证网站的专业性，维护网站的安全运行，能在很大程度上缩短网站建设周期；在网站建设工作完成后，由档案管理人员负责网站的信息发布与运营维护等工作，提升网站运行的稳定性与便捷性。需要注意的是，在网站的日常管理与维护工作中，除了需要规范科学的管理制度，更离不开技术与资金的双向支持，在维护网站安全运行的同时，确保网站内容的新颖度与规范性。

4. 智慧档案馆的数字化信息利用

（1）数字化信息利用的特点

就智慧档案馆而言，其显著特征就是网络化与数字化手段的应用，这就使得其信息服务方式相较于传统档案馆发生显著变化。在信息化时代背景下，智慧档案馆的信息利用与服务主要呈现出以下显著特点。

①坚持以满足用户需求为工作中心。智慧档案馆的运行为用户创建了良好的

档案资源环境，其以用户为中心，将满足用户的需求、为用户提供便利作为智慧档案馆工作的出发点。用户在使用过程中不再处于被动状态，而是通过智慧档案馆充分了解资源环境，与档案信息资源进行自主互动，能够主动、快速、准确地获取所需信息，并获得良好的信息服务体验。

②信息资源更加丰富，载体类型不断更新。在传统档案馆中，信息资源是非常有限的，而且大多以纸质载体呈现档案信息。信息时代背景下的智慧档案馆的信息资源更加丰富，信息载体类型多种多样，如光盘、磁盘、远程网络提供以及缩微品等。这类信息载体不仅容量大，而且使用便捷，只需用户通过简单处理就可以使用，大大提升了信息资源的传播速度与使用效率。

③智能化信息服务模式不断规范。在信息化时代背景下，通过计算机对档案信息实施智能检索与管理，并以文件类型为依据建立文件与文件之间的链接，在不同信息节点之间建立起网络结构，能够实现从不同角度展示信息资源时的规范有序。用户在检索信息时，只需输入一个检索要求，所有相关信息文件就能一次性呈现出来，查全率显著提升。同时，在先进的技术支持下，能够满足用户不断细化的信息需求，对信息形态进行转换，进而对档案资源进行充分利用。

④信息服务冲破时间与空间的局限。在传统档案馆的使用中，用户要想获得想要的档案信息，需要亲自到档案馆进行查询，有时一个档案馆无法满足用户的信息需求，还需去多个档案馆查询信息，甚至为了获得某一信息需要到外地查找档案。在信息时代下，上述现象将不再出现。智慧档案馆的利用，冲破了时间与空间的局限，用户可以利用计算机或其他上网工具在任何时间与地点获取所需信息，大大提高了信息获取效率，带来了极大的便利。

⑤馆藏资源容量无限扩大。信息时代的智慧档案馆的显著特征就是开放与共享，其在保持馆藏实体档案功能的同时，利用网络实现信息资源共享，构建其容量无限大的虚拟信息资源。对于每一个智慧档案馆而言，其作为档案信息资源网络的重要节点，资源容量是可以无限扩大的。特别是在当前的信息时代背景下，两个档案馆的资源共享与互借所产生的效果必然是 1+1 ＞ 2 的，而将多个智慧档案馆进行互联，所产生的信息量更是无限的，其服务功能也是更加强大的。

（2）智慧档案馆的信息服务方式

①网上主页服务。网上主页服务即智慧档案馆借助网络技术，将信息产品展示在主页上，为用户提供方便、快捷的信息服务。在主页界面设计上，要遵循简洁、明了的原则，将档案馆基本概况、馆藏信息目录、网上资源、光盘资料及主要服务项目等基本信息展示在主页界面上，同时还要向用户提供资源使用及网络

导航服务，对国内外网络档案馆、热门站点等与网页之间建立起链接，完善学科导航，进而为用户获取信息资源提供极大的便利。

②信息检索服务。通过数字档案信息检索系统的建立，提升信息检索服务工作的自动化程度，使信息检索网络更加系统、科学，对数字档案信息内容进行全面揭示，使用户能够在大量信息资源中快速获取所需信息，进而为其提供高质量、全方位的信息检索与查询服务。

5. 档案馆的智能化管理

①自动扫描取卷，传送带传输案卷，档案管理人员不必进入库房。

②自动调节温湿度，恒温恒湿系统的安装，管理人员不必开关空调和抽湿。

③自动杀菌消毒。

④自动感应灭火装置、防盗装置等。

## （三）加强档案信息管理资源共享

1. 明确信息公开内容

档案馆信息公开的内容主要包括以下两种类型：第一，各个组织主体应主动公开的信息；第二，公民、法人及社会组织申请公开的信息。

首先，开放档案。从某种角度来讲，信息公开覆盖的范围非常广，可以说，除了涉及国家安全、个人隐私与商业机密的信息内容以外，其他内容均应公开。基于时间角度来考虑，信息公开覆盖的内容不可过分注重一个方面或仅仅设计现实时效信息，而是应涵盖信息运行全过程，除了包含现实时效的内容，还应包括以往经过历史沉淀的信息内容。而从信息需求现状及信息公开原则方面来考虑，信息公开内容也应同时涵盖历史档案信息与现实时效信息。

其次，现行文件。根据文件生命周期理论对文件运行阶段的划分可知：以文件运行阶段与价值作用为依据，可将文件划分为现行文件、半现行文件及历史保存文件。就档案馆而言，其现行文件资源囊括了档案馆收集的现行文件信息及经过归档后仍具有现实效用的档案信息。从某种角度来讲，现行文件不仅体现了档案信息的时效价值，同时对档案归档及时性提出了一定的要求。

最后，委托公开信息。档案馆要进一步改进自身建设条件，接收组织委托公开的其他信息，使信息公开工作得以顺利实施。

2. 丰富多种信息公开方式

在明确档案馆信息公开内容的基础上，应积极探索多种不同的信息公开方式，进而确保信息公开工作的顺利进行。

①开拓网络平台。在信息时代背景下，网络技术日益进步，社会不同行业、不同领域对网络技术的应用越来越广泛，网络也成为信息传播的重要途径。与传统的信息传输方式相比，网络传输更加便捷、及时，同时与信息公开的内涵相契合。而《档案法》对网站的建立也提出了一定要求，要求一些组织单位在网站上设置"信息公开专栏"，保证信息的公开性。在档案馆参与信息公开的过程中，应充分开拓网络平台，建立信息发布网站，或在档案网站内设置信息公开栏，在对档案信息进行密级认定后，将可公开的档案信息发布在信息公开栏上，还可将组织需公开发布的信息（如现行文件等）发布在网站上，将原本单一的档案管理网站转变为兼具信息公开功能的综合平台。通过对网站平台的建设与拓展，不仅能促进信息公开工作的顺利实施，还能体现出档案信息管理工作具有的极大现实意义。

②编辑官方出版物。在档案参与信息公开工作中，开拓网络平台，能够凸显网络便捷、及时的作用，但从另一角度来看，电子文件证据力远远不足，且网络传播容易受到安全威胁，导致网络平台信息不具有法律效力。因此，在信息公开工作中应在重视网络平台建设的同时，探索更多的信息公开方式。而编辑官方出版物，是一种与政府信息公开相类似的方式，能有效解决上述问题。在档案参与信息公开工作中，官方出版物的编辑应由相关部门以一定的名义公开出版对外信息。这类信息主要包括发展过程中重大活动的制度性信息，它是从宏观角度对组织信息进行公开的。档案馆在参与信息公开工作中，应积极参与到官方出版物的编撰工作中，选择恰当的主题主动编撰信息出版物。

③设置专门的信息查阅场所。虽然网络平台能为用户提供便捷的检索体验与信息查询服务，但是传统的现场查阅方式也不能完全丢弃。信息查阅场所的设置作为现场查阅方式的重要途径之一，为网络信息检索能力不足、信息需求欠明确的用户带来良好的信息服务。对于档案馆而言，设置信息查阅场所并非难事，借助以往组织档案阅览活动的经验，可将传统的档案阅览室改建为信息查阅场所，满足不同用户的信息查阅需求。

④档案馆信息公开对象。在一些档案馆参与信息公开工作中，其面对的对象是整个社会的公民、法人及其他社会组织，信息公开应力争实现法律规定的最大公开范围。以上说法是基于宏观角度的一般性解读，而对于某些单位的信息公开工作应具体问题具体分析，充分体现个体差异性。就公开对象的属性来讲，受众客体包括自然人、法人，而在具体实践中往往将其设定为单纯的自然人，而对于

法人作为受众客体的角色通常被忽略。就信息公开对象而言，其受众主要界定为内受众与外受众，而信息公开方式也随之界定为内公开与外公开。以学校档案管理为例来讲，其主要针对的是内部管理，为校内教职工参与事务管理带来便利，那么校内教职工就是校务公开的主要对象，信息公开精神则要力争实现校务信息在全校范围内的最大化传播，也在一定程度上使民众的知情权得以体现。

对于信息公开来讲，其主要受众则不再是组织内部的人员，而是普通社会公众。一些组织和单位作为独立的法人实体，在整个社会范围内有其自身的发展自主权与个体差异性。信息公开方式有组织内公开与社会公开之分是合法的。需要注意的是，我们应对信息公开受众范围的界定权力合理利用，不可无限扩大，在信息归档时应对其是否公开进行明确标注，避免使这一权力变为阻碍信息公开的因素。

### 3. 加强基础设施建设力度

档案馆参与信息公开能使其功能得以拓展，自身形象得以重塑。要想保证信息公开工作的顺利进行，除了需要良好的外部环境以外，还应对自身基础设施建设工作有足够的重视。

①在组织范围内建立现行文件中心。在组织范围内建立现行文件中心，是对文件运行整体性特征的充分体现，也表明了对文件价值的高度重视。对于档案馆而言，虽然并非是现行文件的主要产生部门，但从某种角度来讲，其在实施现行文件信息公开工作上有一定的优势。就硬件建设层面而言，某个组织的档案馆不仅具备开办档案阅览室的经验，而且还有各种功能不同的馆舍，将其中的闲置馆舍改建为现行文件中心并非难事。就软环境层面而言，档案与文件存在着天然的联系，档案工作者凭借以往的档案管理工作经验，对现行文件进行管理与提供利用服务工作更容易胜任。就现行文件中心的具体建立与操作工作而言：首先，现行文件采集作为首要工作，可执行以部门主动报送为主、档案馆收集为辅的综合采集方式，要充分体现采集信息的系统化与信息化，部门主动报送应采用随时报送与定时报送相结合的形式，以具体信息内容为依据，科学选择报送方式；其次，对于采集信息的载体选择而言，应加强对电子文件的采集，减少重复采集工作，为信息网络化利用奠定良好的基础；再次，对于现行文件的整理工作，则应以文件内容与产生部门为参考，对现行文件公开目录进行科学编制，规范现行文件搜索指南，保证信息采集的系统化与全面化，为后期信息加工打下基础；最后，对于现行文件的发布，可通过编辑官方出版物、开拓网络平台、设置专门的信息查

阅场所等方式进行发布。在网络平台的使用过程中，尤其要注意体现信息使用的便捷性与传输的及时性，加强对文件信息的安全保护，避免产生信息泄露事件。

②注重对档案资料的密级鉴定。鉴定，即对档案的真假、价值进行科学判断。档案鉴定则是对资料信息能否成为档案及其档案价值的判断。档案鉴定对档案管理工作非常重要，应给予高度的重视。但就现实情况来看，当前的档案密级鉴定工作存在诸多问题，甚至许多档案馆对此并未引起重视。

在信息时代背景下，档案馆要想参与信息公开，就必须加强对档案资料的密级鉴定。具体而言，档案密级鉴定要严格遵照特定原则，对档案文件的保密等级予以科学鉴别与确定，明确档案使用范围，科学处理档案资料保密与利用之间的协调关系，确保档案管理与利用工作的稳定运行。对于档案馆而言，档案密级鉴定是其参与信息公开的重要环节，只有在确保密级鉴定工作实效的基础上，才能有效落实信息公开工作。在具体的操作中，应做到以下三点。一是建立健全密级鉴定制度。制度的建立是保证实践工作实效的重要基础，离开规范的制度，就无法保证实践工作的实效。在当前阶段，国家对密级鉴定工作并未给出统一规定，在此背景下，各个组织、单位等应以自身具体实际情况为依据，建立科学规范的密级鉴定制度，对密级等级划分标准进行明确规定，保证密级鉴定制度的有效、可行。二是加强与相关部门的交流与合作。对于档案馆而言，虽然有丰富的文档信息管理工作经验，但在信息公开工作中，各类文件信息出自各个部门，要想保证密级鉴定工作的规范性，就必须加强与其他相关部门的协调与合作，组成档案密级联合鉴定机构，共同实施密级鉴定工作。三是加强密级鉴定动态机制的建设。在档案密级鉴定工作中，应加强动态管理，明确界定档案密级，在档案管理系统中明确规定档案信息密级及解密时间，为是否再次进行密级鉴定提供依据，杜绝"一次定终身"现象的出现。

③将信息公开理念融入数字档案馆的建设工作中。在信息时代背景下，数字档案馆的建设不仅依赖于信息技术的支持，还需要先进的管理理念做指引。现如今，信息公开已经成为一大发展趋势，各组织机构应将信息公开理念融入数字档案馆的建设工作中去，促进档案馆的进一步发展与建设。

在数字档案馆的建设工作中，应做到以下几点。

第一，明确信息公开理念，在加强档案馆技术革新的同时，引进先进的管理理念，充分认识到信息公开对档案馆建设产生的价值，并引起足够的重视。

第二，将信息公开内容展现在档案馆建设中，如在文档管理系统中设置数据接口，为文档管理系统的无缝链接提供关键途径；将信息密级鉴定内容列在档案管理系统中，为档案信息公开工作的顺利进行奠定良好的基础；将现行文件、档案信息公开展示在数字档案网站中，进而为信息公开提供良好的发布平台。

# 第三节　档案信息化管理案例

## 一、事业单位档案管理信息化建设

目前，事业单位档案信息化管理建设中存在一些问题，阻碍了事业单位档案信息化建设的发展。研究事业单位档案管理信息化建设问题，探讨解决事业单位档案信息化管理的解决措施具有重要意义。随着我国事业单位职能转变，事业单位档案管理制度及人员结构等方面发生变化。档案管理根据时代发展逐渐更新管理方式，是其持续发展的重要方向。事业单位档案是保存政府信息的重要载体，其管理是公共管理的一部分。目前，事业单位档案信息化管理中存在许多问题，研究事业单位档案管理信息化建设问题，对提高事业单位档案管理工作效率，促进事业单位持续发展具有重要意义。

### （一）事业单位档案信息化管理概述

档案是各类主体在实践中形成的原始记录，国家产生促使统治者重视档案文献的积累保管。档案管理是用科学方法管理档案提供服务的工作，具有综合性与专业性统一的特点。档案是构成社会记忆的重要信息资源，担负记录历史、服务社会的历史重任，是事业单位管理的重要部分。档案原始文献资料蕴含大量信息资源，需要开发挖掘其深层次的价值。随着社会对档案利用需求的提高，档案管理重心开始向档案信息开发利用发展。

事业单位是我国科教文卫等事业集中部门，其档案管理是单位丰富历史材料的记录，保存的档案记录着民众相关信息，其管理水平方式等对民众具有重要意义。事业单位档案管理是服务性工作。档案管理系统是事业单位的重要部分。档案管理工作的特点是提供档案信息为事业单位服务。事业单位档案管理具有公共性、服务性与非营利性等特征。

档案管理信息化是指在档案管理中采用计算机、网络等现代新技术，广泛利用单位信息资源提高经营管理决策水平，提升事业单位经济效益。档案管理信息化的实质是利用信息技术建立网络系统，使得档案管理各环节通过信息快捷流通，实现资金流与工作流的整合，提高事业单位档案管理效率水平。档案管理能否跟上事业单位档案信息化，成为衡量事业单位档案管理工作是否成功的重要标志。事业单位档案管理信息化是一项复杂的工程，要求档案工作者完善档案信息化制度，保证档案信息安全，及时向管理者提供档案利用服务。档案信息化管理成为事业单位档案管理的重要工作，事业单位档案信息化管理建设具有原始性、服务性与智能化等特点。

### （二）事业单位档案管理信息化建设存在的问题

当前事业单位档案管理信息化建设取得了很大成效，但由于多种原因仍存在不少问题。档案管理信息化建设问题主要表现为保密工作审批烦琐、大量人工电话催还档案资料、借还档案资料登记工作量大等。事业单位档案管理制度不健全表现为缺乏档案监督制度、对档案管理开发不够重视。事业单位档案信息化管理虽然建立了规范的流程，但监督方面未提出明确方法。事业单位档案管理缺乏外部监督机构，不能对档案工作人员形成监督效应，导致档案管理存在不规范问题。现有档案管理制度涉及领域不全面，大幅档案管理制度涉及档案整理保存等内容，事业单位对档案管理开发重视不足，未充分挖掘档案潜在价值。

引起档案管理信息化建设问题的主要原因包括缺乏宏观指导、档案信息化建设技术水平低、档案管理者素质薄弱等。配套设备是信息化建设的重要硬件支持，当前政府部门对信息化投入有限，阻碍了事业单位档案管理信息技术的应用。管理部门往往忽略设备的检修工作，导致设备使用寿命缩短，部分设备损坏无法使用，如不能及时解决会影响档案管理信息化建设。配套设备影响信息化系统稳定性，影响事业单位档案信息化建设发展。在事业单位信息化建设中：部分档案人员对档案管理工作认识不足，未了解档案在事业单位决策中的重要性，使得高新信息技术难以在档案管理中推行；部分领导者未意识到信息化建设的益处，导致工作人员获取信息化档案管理知识渠道匮乏，阻碍了档案管理信息化建设的发展。

由于信息化技术快速发展，档案管理技术不断更新，事业单位内部留存档案涉及许多私密个人信息等内容，信息管理系统出现安全问题易引起大量重要信息失窃，很多事业单位信息化建设中对系统程序设计不严格，不能及时发现信息安全风险。事业单位对职工信息技术操作管理粗放，很多内部人员对信息技术掌握不够，导致重要信息由于职工错误操作泄露，不法分子非法利用信息造成事业单位利益受损。事业单位信息化建设中要树立先进的理念，部分单位领导对信息化认识不足，在信息化建设中缺乏先进信息技术建设理念。有些部门干部职工习惯以往的工作方式，缺乏学习进步意识，无法适应档案管理信息化建设发展要求。

### （三）事业单位档案管理信息化建设方案

事业单位档案管理信息化建设的目的是对档案信息资源开发利用，主要目标包括资源建设与管理改进。档案信息化主体是档案信息资源，档案管理建立在档案信息资源的基础上，事业单位档案信息化资源建设主要是档案信息资源存储方式转换，将不便利用的档案存储载体转换为电子文件形式。新档案电子文件归档是达成档案信息化资源建设的重要方式，目的是加快事业单位档案信息化资源建设。

事业单位档案信息化管理要求坚持全面统筹、技术适用性与安全保密等原则。档案管理信息化建设要做好规划工作，对信息化档案资料做好数据转移，划分不同档案信息化顺序，减少对用户使用档案资料不便的影响。档案信息化中要制定统一数据格式标准，准备兼容性强的拓展接口。

保证已有文书档案电子文档的电子目录信息转移，避免未来系统升级出现原信息转移困难情况。要对易出现操作错误的功能设置限制条件，防止出现错误。档案信息化的目的是给用户提供完善的档案资料，通过计算机技术快捷获取所需信息，方便档案管理者进行快捷操作。

事业单位档案信息化管理建设要更新观念，便于档案资源开发利用。要加强对档案管理信息化工作的重视，事业单位不能将提高单位效益作为考察档案管理的唯一标准，要认识到档案管理的价值；要转变传统单纯事务性档案管理工作，建立适合群众利用的档案管理制度。档案管理人员要加强对档案的开发，可以成立专门档案资源开发小组，对适合公开的档案采取多样化宣传方式，为公民提供多种形式档案信息资源。事业单位档案管理涉及有关业务来往等信息，档案管理程序复杂，而在实际工作中部分管理人员对档案管理缺乏积极性，因此要加强对档案管理工作的监督。

事业单位要制定档案管理信息化建设进程。档案管理信息化是必然趋势，事业单位档案管理信息化建设要科学规划，制定档案管理信息化近远期目标，使档案管理工作持续发展。事业单位档案管理部门处于边缘化机构，档案管理工作信息化要在法律允许下进行，保证档案管理信息化建设有法可依。事业单位要根据实际制定档案资料管理制度，强力的监管制度可以确保档案管理信息化得到制约，完善的监督制度可以促进档案管理人员的工作积极性，事业单位要充分利用单位内外部监督，及时准确发现档案管理信息化中存在的隐患，建设高效安全的档案管理信息化系统。

同时，想要开展有效的信息化管理，需要相关工作人员建立良好的网络安全意识，做好对应的防范工作，可以采用杀毒软件或者防火墙等信息化防护措施来进行防护，并且建立完善的登录密码，建立严密的网络安全防范措施，为信息化系统建立一个更为可靠的环境。

事业单位要提升工作人员的专业素养。随着信息时代的发展，事业单位档案管理要求管理人员掌握信息化档案工作方法，提高档案人员综合素质。在大数据背景下，管理人才的培养十分重要。事业单位档案管理人员需要不断更新自身的认知体系和管理理念，接受现代化的大数据信息培训活动。要加强对档案管理人员的培训，提高档案管理人员队伍综合能力。

此外，现代化的档案管理工作要求管理人员需要具备专业的档案管理知识，还需要具备二次处理技术、信息挖掘技术以及网络专业知识。因此，需要相关管理工作人员养成良好的职业道德，培养管理人员高度的责任感，使其在工作时保持严谨的工作态度，尤其需要借鉴和吸收优秀的档案管理研究成果，使档案管理工作成为档案管理工作人员的使命和责任，强化其工作意识。

事业单位档案管理工作要随着信息化发展，运用先进技术手段提高档案工作质量。事业单位档案人员要及时更新档案内容，充分利用计算机等现代化设备保存档案资料，节省档案管理资金费用。

## 二、医院档案信息化建设

### （一）医院档案信息化建设的作用

对于医院的各种文件资料而言，其重要的存储方式就是通过档案来保存，这突显出医院档案管理工作的重要性。随着信息化时代的到来，医院档案管理方式也出现了较大的变革，很多医院开始重视档案信息化建设。特别是在应对突发公共卫生事件的过程中，医院形成的许多有价值的实施方案、医疗救治等档案资料需要利用信息化手段予以保存。在医院现代化建设的过程中，数字信息化技术的应用能够促进各种档案信息的整合，使各种档案数据的内容得到共享，为相关工作提供良好的便利条件。在这种情况下，医院的一些珍贵档案原件能够得到更加有效的管理，防止在档案管理过程中产生数据丢失的问题，避免造成不利影响，同时也能够使医院的档案管理水平得到相应提高，丰富医院的管理模式和管理体系。

为了适应当今社会的发展需求，很多医院在档案管理方面进行了档案信息化建设，其价值特别体现在应对突发公共卫生事件时，档案能够扩大利用范围，有利于对公共卫生事件发生期间所形成的数据进行统计，也有利于探究学术研究的开发利用。因此，在档案管理过程中，运用先进的技术、设备和手段，实现医院档案信息的信息化、数字化，并运用网络化手段提供档案服务是十分必要的，其不仅能提高档案信息化利用服务水平，更能充分展示档案价值，实现档案信息化资源的共享。

具体来说，医院档案管理中档案信息化建设的作用与价值体现在以下几方面。

### 1. 有利于数据存储

以信息化建设为依托，将数据记录扫描到数据库中，做好档案文件的收集整理、归档管理工作很重要，其有效避免了传统手工记录的弊端，提高了工作效率。此外，还方便了数据的提取和查找。

### 2. 有利于实现资源共享

档案信息化建设的根本目的就是要充分展示档案价值，实现档案信息资源共享，使档案的作用和价值得以充分发挥。对于承担公共卫生职能的医院来说，档案资料本身对医院自身的发展历史进行了全面的记录和传承，对医院发展中的各类数据、文件以及影像进行了保存，为医院后续发展决策提供了重要依据。

### 3. 有利于提高决策和控制能力

医院通过信息化对医院档案资料进行收集、分类、整理和控制，把各部门在工作过程中形成的信息，经过加工处理后通过信息化网络平台进行反馈，医院管理者则在掌握大量准确的信息基础上做出决策。同时，档案信息化建设能够充分发挥医院组织功能，提高医院决策和控制能力。

## （二）医院档案管理创新的重要价值

在信息化背景下，医院档案管理方式的创新能够使整体的系统运行效率得到保障和提高，使医院的信息管理行为得到规范，加强医院的各部分管理工作，使管理信息以及医务人员的信息和患者的病例信息都能够更加清晰，为工作人员的资料查找奠定良好的基础。基于信息化背景，寻求档案管理的创新方式，能够发现传统档案管理过程中存在的一些不足之处，便于对其进行更有效的管理，同时也能够降低相关方面的经济成本，使医院的竞争力得到有效提高。

首先，医院档案管理方式的创新是现代社会发展的客观需求。医院档案管理工作本身面对着极大的工作量，同时档案的数据在更新的过程中比较频繁，如果采取传统的医院档案管理方式，必然和社会的实际发展需求无法产生紧密的融合。在此基础上，只有对档案管理工作进行适当的创新，才能够进一步满足当前信息化时代发展的客观需求，符合人们的认知，最终能够保障临床医学方面的相关工作顺利开展。

其次，医院档案管理方式的创新能够提高医院相关管理工作人员的知识以及技能水平。数字化的信息技术应用能够对人才进行相应的培养，最大化地发挥人力资源的优势，提高医院的运行管理工作效率。另外，通过对档案管理模式的创新，也能够在一定程度上延长档案的使用寿命，使档案本身所具有的价值得到应有的体现。

再次，医院档案管理方式的创新能够在一定程度上提高医院的管理水平。这种档案管理工作本身具有重要的作用，需要相关部门能够对其重视，积极寻求医院的档案管理信息化发展模式，意识到创新管理的有效途径，并对传统的管理模式进行改革，使档案管理工作的质量得到提高，更好地满足医院的管理要求。

最后，医院档案管理方式的创新还可以促进医院各种档案信息资源的整合，更好地保存资料。具体来说，医院档案管理信息化建设可以在一定程度上减少传统档案管理所消耗的人力资源和物力资源，使整体的管理工作效率得到保障，同时能够实现档案信息资源的共享目标。在医院管理环节，资源整合本身是其重要的一部分，对资源的信息共享的要求比较高。医院档案管理信息化建设为工作人员提供更加便利的服务，工作人员可以通过网络来了解并搜集自己所需要的各种资料和数据信息，使原本的档案应用范围和程度得到提高。同时，档案管理信息化的开展有利于加强不同部门之间的信息交流，满足不同科室之间的资料使用需求，也就是说，医院档案管理的信息化建设能够进一步提高档案的利用率。

实际上，原本的医院档案管理信息体系中包括的内容比较丰富，各种文件以及数据信息都是重要的内容，主要包括医学图片、病理知识以及各种先进的设备档案资料等，这些都对医院档案管理的信息化建设有更高的需求。通过数字信息化技术的应用，可以对档案进行更有效的储存。

### （三）当前医院档案管理工作中存在的问题

在现代医院的发展过程中，整体的体系已经越来越完善，医院的档案内部能够保存各种临床方面的资料以及医院的发展历程，这是在临床医学方面为患者提供治疗的重要依据，也是了解医院发展变化情况的重要基础。这项工作本身体现出系统性的特点，需要渗透到医院发展过程中的各个环节，对各种档案资料进行整理，通过科学合理的手段对其进行分类和整合，并且能够根据档案使用人员的要求使用档案，对其进行进一步的开放和利用，从而提高医院档案管理的实际工作效率，更好地服务于科研以及医疗工作，最终促进医疗卫生行业的持续、稳定发展。

随着当前信息技术的发展，互联网基础已经为档案管理工作提供了莫大的便利条件，与此同时也对医院的档案管理模式提出了更高的要求，需要医院在实际的发展过程中能够积极创新档案管理模式和管理方法，使医院的档案管理水平得到保障，更好地适应社会的发展要求。但是，大多数医院在这方面会出现一定的不足，档案管理问题仍然比较突出。当前医院档案管理工作中存在的问题如下。

1. 对档案管理的重要性的认识不足

在医院的档案管理工作发展过程中，档案管理工作虽然已经完善了信息发展的基础。对档案管理模式创新，也能够在一定程度上完善信息化建设模式，但是仍然存在资金以及区域的影响，导致一些医院需要采取传统的管理模式进行档案管理，这和医院管理人员对于档案管理工作的认识密切相关。

很多医院在发展时不重视档案管理工作，档案管理工作的作用通常也会显得微不足道。部分医院领导认为做好档案管理工作并不能促进医院的发展，很多员工对档案管理工作存在着错误的认知，认为档案管理仅仅是保存好资料即可。如果医院的管理人员对档案管理的重要价值没有正确认知，对医院档案管理方面投入的资金以及资源就会缺乏，对员工在此方面的宣传就会不足，没有实现真正意义上的变革和交流，最终会导致医院的档案管理效果不明显。

2. 档案信息化管理水平不高

由于重视程度不够，缺乏积极主动的工作态度，所以在档案管理工作中就无法制定科学合理的档案管理制度，档案管理人员对待工作敷衍了事，并没有认识到档案管理工作的深层次意义。与此同时，在进行档案管理工作时，信息化建设也没有充分结合档案信息化建设的趋势，工作效率低下。

在当前信息时代，医院所开展的档案管理工作需要结合时代发展的脚步以及社会的具体情况来完成。但是，有一些医院的档案管理工作仍采取传统的管理理念以及管理方式，档案管理效率低下，在此基础上开展的档案管理工作很容易受到外界因素的客观影响，使得医院档案管理工作的效果不明显，并且会阻碍医院的发展。

3. 医院的档案管理体系不健全

在医院的发展过程中，即便已经建立了相对应的档案管理制度来对档案管理的流程和方法进行规范，但仍然存在一些缺陷，使医院的档案管理模式不够规范。具体来说，针对档案信息的具体搜集以及整理和保存环节，管理工作人员的工作比较随意，往往会依靠自身的工作经验和日常生活中各种不成文的规定进行工作，很容易产生档案保管资料缺失、档案内容不完整、档案信息保密性差等问题，严重影响医院档案管理工作效果。除此之外，在医院的发展过程中，档案管理工作人员和其他工作人员之间的沟通不密切，配合效果不好，分工也不够细致，容易在档案管理环节产生档案丢失或者档案管理效果不好的问题。

### 4. 缺乏专业性的档案管理人才

很多时候，可以发现医院档案管理工作人员综合素质水平比较低。在医院的实际发展过程中，档案管理工作人员的综合素质水平较低，档案管理工作人员本身作为非专业人员，有一些人员原本是从事行政部门或者药房部门的工作的，甚至会有一些档案管理人员身兼数职，在实际的档案管理工作中体现出工作水平不整齐的特点，工作人员的专业认知以及理论知识方面的差异性比较明显，这就会导致医院档案管理工作的开展存在极大的困难。

另外，医院管理人员可能会关注医疗人才以及科研人才的培养，忽视了对档案管理人员的重视。部分医院对档案管理工作投入不足，严重阻碍了医院档案管理工作的发展，同时也不利于档案管理人才的培养。即便对工作人员进行了专业培训，在后续的工作中也没有进行继续教育。由于档案管理人员、资金投入匮乏，医院在进行管理时信息化程度不高，从而导致在进行办公时出现效率较低的情况，档案管理工作无法高效开展，制约了医院档案信息化建设的长远发展。这就导致医院的档案管理工作太过被动，体现出局限性。

### （四）医院档案管理中档案信息化建设应对策略

#### 1. 加强对医院档案信息化工作的重视

医院档案管理工作的顺利开展需要医院管理人员对其重视，有更加客观的认识。同时，医院档案管理人员自身需要了解信息化技术在档案管理中应用的重要价值，并掌握更加先进的档案管理方法和技术，使自身的专业知识水平得到进一步提高。同时，医院的各部门之间也需要对档案信息化建设加以重视，加大在此方面的资金投入，对医院工作人员进行相关宣传和教育，使他们能够对档案管理信息化建设有更加客观的认知，从而确保档案管理工作顺利开展，使部门之间能够互相配合，使各部门之间的信息化参与度得到提高。

要促进医院的健康稳定发展，需要医院管理人员对档案管理工作有更全面的认知。要全面推进"统一领导、统一管理",让医院档案管理流程更加规范。从战略层面上制订相应的档案管理工作开展计划,并严格督促其落实和执行。继续完善档案管理信息化制度,转变传统的管理思想和理念,制定严格的档案管理制度,加强信息化建设,为工作开展提供可靠的保障。通过调整、规范和优化,让医院的档案信息化工作的开展更加科学,提升医院档案管理的实效性和规范性。同时,工作人员在工作过程中应更加严格、细致、认真、明确,使档案管理的创新效果更加突出。

### 2. 做好日常档案信息化建设工作

医院是"战时"最核心的"战斗部队",因而在日常档案管理过程中就要加强档案信息化建设,形成完整、顺畅的档案信息化建设机制,从队伍管理到资金保障,从档案整理到设备保障,均要有明确的制度规范和工作流程。要在日常的工作中积极开展档案信息化建设工作,将医院中宝贵的文件资料收集整理好后进行档案电子化存储,确保在"战时"能够做到沉着冷静、有条不紊地开展档案资料的收集和整理工作,并通过查阅这些档案来加强业务指导和经验借鉴,为决策参考提供依据。

### 3. 档案信息化网络平台发布相关有效信息

档案信息化的发展为医院提供了快速、高效、方便的信息传递方式。一般来说,在应对突发公共卫生事件的过程中,医院全体职工都在全力以赴、高效救治。为进一步提高工作效率,医务人员可以随时通过信息化网络平台查看病人的相关信息,及时了解病人的病情及状况,给予有效的处置意见。同时,信息化网络平台也提升了档案信息资源的利用效率,充分发挥了档案信息资源的作用。

### 4. 加强档案信息化管理人才队伍建设

在新形势下,要从提高档案信息化人才队伍素质等方面入手,提高医院档案管理工作人员的综合素质水平,切实抓好档案信息化建设工作。首先要加强档案队伍建设,引进档案专业高学历复合型人才,确保其能够应对信息时代档案管理工作发生的新变化。其次要组织工作人员加强有关法律、法规的学习,提高档案管理人员依法管理和办事的观念。最后要组织档案管理人员定期参加档案信息化管理培训班,开拓工作思路、提高业务能力,如遇突发公共卫生事件时,能够积极应用档案信息化专业技能,有效提高工作效能。

基于数字信息化背景开展的医院档案管理工作,往往需要由专业的管理人员来执行相应的任务,这就需要对档案管理工作人员进行定期的教育和培训,使他们能够对数字化的档案管理模式产生更客观的认知，提高其工作积极性，规范其管理行为，提高其工作效率。

### 5. 完善医院档案信息化管理的基础设施

构建完善的档案信息化管理模式，需要医院在物力、财力上给予支持，确保有健全的软件及硬件设施保障。

当突发公共卫生事件时，医院档案部门所产生的信息数据日益庞大，对档案管理的存储和运用要求大大增加。在硬件方面，要用充足的档案储放空间，严格落实"十防"建设要求，完善硬件设施，规范管理有序开展；在软件方面，应积极引进大数据、云平台等先进技术，推动档案信息化效率的提高和档案管理精细化的开展。

### 6. 积极创新医院的档案管理方式

医院需要重视自身服务体系的完善，档案管理工作需要明确整体的方式以及手段，积极改变传统的人工管理模式，为数字化的信息服务提供良好的基础，并且积极创新服务理念，使档案管理工作能够科学、稳定地开展。

与此同时，医院还需要结合相应的信息技术来转变传统的档案管理思想，使纸质档案能够转化为电子信息档案，利用多媒体和计算机等技术实现档案的科学化管理，满足档案使用方面的各种需求。

### 7. 需要加强档案管理体系建设

在医院的发展过程中需要积极完善档案管理体系和模式，按照档案管理方面的客观需求，制定严格的档案管理制度和流程，实现档案资料的搜集、整理和分类，全面、统一地管理档案，使工作人员在工作的过程中有章可循，有制度可以参考，明确自身的管理职责和任务，使工作人员的责任意识得到提高。

总的来说，在医院的建设以及发展过程中，档案管理工作是其重要部分。档案信息化建设是推动突发公共卫生事件医院档案管理工作水平飞跃及管理水平与医疗服务水平提升的重要工作。因此，要必须认识到档案信息化建设对突发公共卫生事件医院管理工作的巨大价值与推进作用，通过规范档案信息化建设、档案管理工作流程、提升档案管理人员水平、优化档案信息化结构，更好地保障档案信息化建设工作的推进，切实提升档案管理水平、医院管理水平、医疗服务水平，为人民群众的生命健康保驾护航。

# 第四章  新媒体与档案信息服务

本章对于新媒体与档案信息化服务的相关内容进行了探析，主要从信息化时代下新媒体的发展、新媒体与档案信息服务的结合路径这两个方面展开论述。

## 第一节  信息化时代下新媒体的发展

在新媒体时代，新媒体工具因其互动性、社交性等特征倍受普通公众青睐，与此同时，新媒体传播也影响着档案的管理服务模式，因此对新媒体传播是如何影响档案用户行为的进行研究是必要的。比如档案馆的现代化管理中，形象管理以及宣传是影响现实及潜在档案用户的重要环节之一，通过对新媒体传播工具和活动的选择能够帮助档案管理者将信息更快速、准确地传达给档案用户，同时帮助档案用户在碎片化信息的情况下快速找到适合自己的信息。对新媒体传播特性对档案用户行为影响程度的量化研究，使得档案管理者在实际管理工作中能够更有针对性地对现实及潜在用户进行档案管理服务的改进、创新与完善。

### 一、新媒体与新媒体时代

#### （一）新媒体概念

从不同角度出发，"媒体"有着种类繁多的定义和分类方式，这也使得"新媒体"的概念界定复杂化、多义化。由于国内外学者所处的时代背景不同，因此对新媒体概念定义时的视角是存在差异的，对新媒体概念的界定也存在着不同。对于新媒体的界定，至今没有一个在国际上人人通用、认可的概念。

自 1967 年美国学者戈尔德马克提出"New Media"一词以来，对于何为新媒体，学界仍莫衷一是。近年来新媒体趋向媒体融合，形成一种区别以往的新媒体形态，常称为"全媒体""融媒体""新新媒体"。"媒体"与另一相近概念"媒介"有一定区别，因英文名均为"Media"，学界常交替采用。从常用的技术和传播意义上，美国学者阿瑟·伯格（Arthur Berger）将"媒介"定义为"以一对一或一对多（如大众媒介）等方式，传递信息、资讯、文本等的通道"。加拿大传播学家马歇尔·麦克卢汉（Marshall McLuhan）在1964出版的《理解媒介——论人的延伸》一书中，赋予"媒介"全新定义。他认为，"任何媒介（人的任何延伸）对个人和社会的任何影响，都是由于新的尺度产生的；我们的任何一种延伸（或曰任何一种新的技术），都要在我们的事务中引进一种新的尺度。"媒介即信息、即人的延伸，这一观点影响深远。媒介从广义上讲包括语言、文字、图像、器物、身体、行为等多种形式，本书所指媒介侧重于狭义角度。

新媒体相较旧媒体，与之既一脉相承，内涵又不断更新。一般而言，"旧"媒体以传统纸质媒介为主，另外在新闻传播领域有时特指报纸、广播、电视等主要传媒类型。就其外延来看，"新媒体"某种程度上属于动态性、发展性的概念，以互联网、数字化媒体为特征。依照现时发展，新媒体即"以数字技术、通信网技术、互联网技术和移动传播技术为基础，为用户提供资讯、内容和服务的新兴媒体，它们的共同特点是融会了多种传播技术，使传播可以在更多元的方式下实现"。"新媒体"在应用层面有时特指社交媒体。就整个媒体历史发展过程而言，对新媒体的考察仍需立足整体的互联网络和数字化媒体。

媒体不仅作为物质形态，还牵涉更多的社会要素、社会关系。对新媒体的理解，需超越媒介技术与工具层面，深入注重传播形态、社会环境和人类自身体验的文化意义层面，关注其与社会结构、制度等的内在社会逻辑。"新媒体实际上是将信息数字化并具有交互性的传播形态"，这一复合性概念蕴含三重要素，即"技术硬件和设备；活动、实践和使用；围绕着硬件和应用所形成的社会和组织安排"。

作为沟通实践的新形式，新媒体背后隐含着思想的交互、意义的流动、权力的运作、社会结构的变迁，具有丰富的社会内涵。从这一角度讲，新媒体与档案记忆均具有指向社会深层运作机制的意蕴。

新媒体具有显著的开放性、交互性、去地域性、普及性、实时性等，这一特点使得线上群体更易于形成，乃至形成与线下联动的相对稳定的虚拟社区，为多元社群的形成提供了一个开放性空间。新媒体它打破了身份限制甚至国别、民族、种族、性别、职业等边界，公众以"网民"的身份共同生活在互联网这一"地球村"。网民足不出户，即可从一个个IP节点出发，面向世界接收或传递信息。

在网络构成的节点中，去中心化的趋势明显，原先"直线组合式的意义生产系统和循序渐进的认知逻辑被超链接跨媒体的传播符号所代替"，以受众为导向的运行模式成为主流。

笔者根据新媒体交互性、实时性等主要特点，将新媒体概念界定为以科学技术（数字、网络、移动等技术）为基础进行信息传播的媒介工具，以微信、微博、电子杂志等为主的新媒体工具。

### （二）新媒体时代

新媒体时代即新媒体广泛运用下人类媒体化生存的时代。它呈现出以下特征：其一，新媒体软硬件技术快速发展，计算机网络基础设施日趋完善，网络通信技术、大数据技术、人工智能技术等深入发展，移动互联终端等更新换代加速，用户接入与使用更加便捷；其二，以新媒体为重要媒介渠道，新旧媒体不断融合发展，媒体融合趋向明显，并显著改变媒体传播方式和媒体生态；其三，新媒体广泛渗透进入人类生活世界，与日常工作、生活的联结愈加紧密，数字化生存、媒体化生存成为常态；其四，新媒体参与营建社会空间，形塑社会关系，并深入影响社会治理结构和社会运行逻辑。新媒体时代与信息时代、网络时代、数字时代、大数据时代等互为关联，均以数字化、网络化为核心特征。新媒体时代不仅强调新媒体本身，还指向广阔社会领域与多重社会意义，以新媒体带来的社会文化情境转变为要。之所以选用"新媒体时代"，主要考虑到档案记忆的生成、传递、共享无不需要媒体的介入与结合，表现出一种档案记忆的社会传播系统。从媒体形态、媒体运行方式、媒体意义导向、社会情境等各方面，新媒体时代都与档案再生产有着深层互通。

## 二、新媒体的特性

在新媒体时代，用户既是信息的接受者，也是信息的提供者。匡文波教授认为新媒体的主要特性为"数字化"和"互动性"。廖圣清教授在研究中对大学生群体使用媒体情况进行分析，研究表明大学生群体在接受媒体的类型与接触媒体的频率方面存在一定差异，他们对于个性化和碎片化的信息接收的比较多。

新媒体时代下档案用户与档案馆的交互程度增强，档案管理者应有意识地转变观念，改变策略。在档案的信息传播中想取得尽可能大的宣传效果，就需要对个性化和碎片化的信息做出快速、准确的应对措施，这样才能在大数据时代下的碎片化信息中更好地引导现实及潜在档案用户。新媒体在信息的传播上更具有针对性，对碎片化信息具有很强的传播扩散作用。

新媒体传播的信息速度快、互动性强以及新媒体传播的社交属性是非常显著的新媒体特性，交互性强、信息碎片化、资源的可共享性、个性化以及虚拟社群化是与新媒体传播密不可分的。新媒体与传统媒体相比呈现出多样性和交叉性的特点。新媒体传播的发展伴随着社会参与度的提升，信息的流通范围扩大、传播主体不再单一，社会大众参与度变强，信息流通效率变高。

### （一）传播的有用性

21 世纪以来，随着新一代信息技术的不断成熟与普及，产生了海量的数据资源，同时信息的产生速度也变得越来越快。新媒体传播的有用性在档案用户行为研究中主要指档案用户能够在新媒体上快速、便捷地浏览档案的相关信息，其他档案用户对档案信息的分享和评价对潜在及现实档案用户提供了有用的信息。

### （二）传播的互动性

随着网络进入 Web2.0 时代，信息的单向传播逐渐向双向转变。以用户为中心的新媒体传播，其主要特征之一是去中心化，公众不仅是信息的接受者，同时也是信息的创造者。新媒体传播的互动性在档案用户行为中主要指在新媒体上档案用户可以通过在线工具与他人进行互动，交流相关的档案信息。

### （三）传播的可信性

随着新媒体的发展以及计算机水平的不断提高，人们对信息和数据安全越来越重视。在新媒体上，用户与用户之间的关系随着强度增加，信任感的影响也日益明显，新媒体传播的可信性对档案用户行为的影响也可理解为新媒体传播的可信性影响，既包含档案用户对新媒体传播平台发布信息可信性的认可，也包括在不同新媒体传播平台上对其他档案用户提供信息的可信程度。

### （四）传播的依赖性

随着信息服务形式的改变与发展，越来越多的新事物对传统的服务理念、服务方式等提出挑战，新媒体去中心化的特点，使得公众作为信息的接受者和信息的创造者，可以在已有的信息基础上根据自身的喜好来定制自己的互联网。人们对新媒体态度会随着习惯以及依赖程度的变化而发生变化。随着新媒体技术的发展，人们对新媒体传播的依赖性也越来越强。

# 第二节　新媒体与档案信息服务的结合路径

　　档案管理信息化服务工作模式是指通过对先进的网络计算机技术的利用，创建网络管理信息平台，建立档案管理门户网站，并利用电子通信手段，优化档案服务利用方式，形成便捷、高效的服务管理模式。其逐渐由以往的馆内提供原件服务转变为网上提供档案信息咨询利用服务与馆内提供原件利用服务相结合的服务方式。这一服务方式将时空界限彻底打破，冲破了档案信息传播的限制，实现了对档案信息的随时随地网络检索与查询，使得档案信息资源的利用率达到最大化，同时这种开放式档案信息服务方式进一步促进了档案信息资源的共享。对于一些组织、单位而言，要想进一步改进档案管理与服务方式，就必须完善自身管理水平，包括对档案资料的完整收集、规范整理，对档案保管期限的精确划分，对档案资料的合理组织等，使自身的电子档案资源变得更加丰富。

## 一、档案用户

　　档案用户是档案利用工作开展的主体，在如何定义档案用户或档案利用者这一问题上，学界的观点基本相同，有的学者认为："档案用户，就是档案的利用者，具有利用档案信息资源条件的一切社会成员都属于档案用户的范围。"档案用户研究的具体内容主要是档案用户的类型、用户的档案需求、影响档案用户需求的因素以及档案用户心理特征等。还有学者认为档案用户即在各种实践活动中需要利用档案的个人或群体，档案用户的研究内容主要是档案用户类型研究、档案用户需求研究以及档案用户心理研究等。还有学者认为档案用户指的是使用档案的一个单位或个人，对档案用户的研究主要在于对用户数量、分布等的研究。有的学者认为档案用户是指人类社会各项活动中为了某种目的而利用档案的群体和个人。从以上论述中可以看出，公共档案馆的档案用户是通常所说的档案用户主体。

### （一）档案用户的类型及需求特征

　　当前我国学界对于界定档案用户的类型仍存在较大差异，但目前较为认可的档案用户的类型有以下三类。

　　第一类，按是否有档案需求，可分为现实用户与潜在用户。现实用户主要指正在利用档案信息或已向档案部门有过档案利用需求的；潜在用户主要指有档案利用需求但由于其他外在因素的影响还未向档案部门显示档案利用需求，但是在将来有可能成为档案用户的档案利用者的。

第二类，按照档案用户的需求时间，可分为长期用户、短期用户与随机用户。长期用户指一些人员（如科研人员等）由于职业的需求，有长期档案信息资源利用需求的用户，由于这类用户经常利用档案信息资源，因此对利用档案的方式及方法熟悉程度高。对档案管理者而言，这类档案用户是最为稳定的，只需提供较为简单的服务就能够满足这类用户的需求。短期用户主要指在一定时期内因有特定查询档案信息资源的需要的档案用户。随机用户指没有规律性的档案用户。短期用户和随机用户对档案管理者的要求更高，为他们提供专业的指导较为重要。

第三类，按照利用档案信息资源的目的，可分为研究型用户、事务型用户以及咨询型用户。研究型用户主要指具有相关学术研究需求的档案用户，他们更注重档案信息的全面系统性；事务型用户主要是为了解决工作的某一具体问题，他们的利用目的较为单一，更注重档案信息的直接迅速性；咨询型用户主要是为了确定某一问题的准确真实性，他们更注重档案信息的真实性。

档案用户的需求特征从整体层面呈现以下几方面的特征，即需求的无限性、层次性、多样性、伸缩性以及可诱导性。

### （二）档案用户行为的认知现状及影响因素

档案用户的社会心理活动往往是通过行为表现出来的，1976 年美国学者菲什拜因（Fishbein）和艾森（Aizen）提出了理性行为理论，该理论认为个人的行为态度及主观规范通过影响个人的行为意向进而最终影响个人的实际行为。用户行为是用户在使用服务过程中为解决自身信息需求而产生的行为，本书中档案用户行为指的是利用者为满足自己对档案的需要而进行的有意识的查询利用活动，也可称之为档案用户查阅行为。档案用户行为的差异主要取决于其心理活动的发展变化，档案用户的心理现象表现在形成档案需要、产生查询动机、了解档案信息、进行档案选择、发生查阅行为以及最后的评价利用效果全阶段。本书中新媒体传播特性影响的档案用户行为是指档案用户接受行为。

随着新媒体的兴起，档案用户的信息获取模式发生了改变，无论是现实档案用户还是潜在档案用户，他们的行为都较之传统媒体时代发生了改变。在对我国档案用户行为认知现状的研究中，国内有学者将档案用户行为分为信息搜寻行为、信息利用行为以及信息交互行为。学者闫立衡认为档案用户的心理特征为简单方便心理、背景匹配心理、用户焦虑心理、信赖权威心理和从众心理。学者陆江认为档案用户心理主要分为需求依赖心理、疑虑偏见心理、价值取向心理、方便易用心理和环境导向心理。

研究档案用户行为的影响因素应当着眼于研究影响档案用户心理的内在主体性要素。档案用户的利用目的、档案用户自身的认知、档案用户对馆藏资源的熟悉程度以及档案用户对档案价值的评价因素这四个方面是影响档案用户行为的主要体现。

首先，从档案用户的利用目的来分析，不同利用目的的档案用户在利用档案的过程中会有不同的心理行为，不同类型的档案用户由于利用目的及需求的不同会产生很大的差异，有对档案的可信性、准确性、全面性要求很高的档案用户，也有追求快速、便捷的档案用户，档案用户由于利用目的不同会产生不同的心理行为，进而影响其后续的档案查阅行为。

其次，档案用户自身的认知也会影响到其档案查阅行为，平时经常有机会接触档案的用户与很少能接触到档案的用户之间由于认知等的差异会影响其心理行为，而心理行为将直接影响档案用户利用档案的整个过程。

再次，档案用户对馆藏资源的熟悉程度也会影响其档案查阅行为。熟悉馆藏资源的档案用户在其档案用户行为中往往表现出易用及自在等心理，不熟悉馆藏资源的档案用户常表现出求助及需求依赖等心理。

最后，档案用户对档案价值的评价因素也会直接影响到档案用户行为。对档案价值评价高的档案用户对档案的信任、认可及权威心理更高，否定、怀疑及疑虑心理较低，档案用户在查阅、利用档案的全过程中受到档案用户内在主体性要素的影响较大。

## 二、新媒体传播与档案用户的关系

近年来，随着数字档案系统及档案网站的普及，档案学界及档案管理者开始重视对档案用户及其行为的研究。国内有学者在对我国档案用户发展状况的研究中提出，我国档案用户研究中存在的主要问题是研究方法亟待提高，当前档案界缺乏专门探讨研究方法的文章。档案馆的信息服务必须借助新媒体传播，而新媒体传播与档案用户都随着时代的发展、技术的革新发生着变化，对新媒体传播与档案用户的关系研究需要从其发展共性及发展差异两方面进行分析。

### （一）新媒体传播特性与档案用户行为的发展共性

无论是新媒体传播特性还是档案用户行为都必将随着时代技术的进步而不断发展。在新媒体时代，随着各类移动数据终端的普遍应用，新媒体传播特性与档案用户行为有以下共性。

#### 1. 由大众化向个性化转变

媒体的发展经历了从精英媒体到大众媒体再到个人媒体三个阶段。新媒体作为一种新的媒体形态，以个人为中心的新媒体已经从边缘走向主流，海量的信息、碎片化的信息以及虚拟化的信息的传播环境也冲击着其他领域。新媒体作为媒体而存在，其生命周期表现为价值体现的长短，新媒体传播的发展是建立在网络技术的基础上的，在服务方式上具有创新性，其边界不断变化呈现出媒介融合的趋势。

档案用户求快心理、方便易用心理与新媒体传播快速、便捷、有用的特征存在共性。媒体的传播方式和档案用户行为在新兴技术推动下都发生了由大众化向个性化的转变，信息的传播不再受空间的限制，每个人都能够成为信息的发布者，档案用户所能接触到的信息多呈碎片化趋势，为适应时代的大背景发生改变，二者都不可避免地发生精准化、个性化方面的转变。

#### 2. 互动性与参与性的出现

互动性是新媒体最具代表性的特点，档案用户涉及范围很广，根据档案用户不同的需求目的、需求层次可分为不同的类型，王宇晖认为：档案用户按是否有需求行为可分为现实用户和潜在用户；从组织结构可分为个体用户和群体用户；按用户的职业、用户的需求时间以及需求内容可分为理论研究用户、一般用户、长期用户、短期用户、专门档案用户等。但无论将档案用户如何划分，在新媒体时代，档案用户获取档案信息的随机性决定了其无论在何时面临何种档案需求都会优先向网络求助，档案用户行为的发展变化基于档案用户心理行为的转变，主要体现在档案用户心理态度变得更为强调档案信息的快速、准确与及时性，档案用户心理行为主要指档案用户对档案信息具有现实及潜在的需求，从而产生了档案信息的需要及反馈，其中包括档案服务质量对档案查阅行为的影响、是否有意愿分享档案信息等方面，档案用户的心理价值主要体现在档案用户在档案信息查询的全过程中的价值评估，是否符合档案用户的查询预期是档案用户感知心理价值的重要方面，因此，互动性和参与性的出现是新媒体传播特性与档案用户行为的发展共性。

## （二）新媒体传播特性与档案用户行为的发展差异

随着新技术的发展，媒体的传播方式必将不断地发展和更新。当今，信息技术不断发展与普及，其受众也显著增加且日益广泛。近年来，新媒体传播与档案用户行为的研究在理论与实践层面都得到了快速的发展，但二者转型与发展的推动力不尽相同。新媒体传播的发展受到科学技术发展程度的限制，依赖于媒体用户的干预。档案用户行为的变化很大程度上是对外在环境刺激的回应，从档案用户发展的历史轨迹来看，当档案用户群体发展成规模并逐渐成熟后，能够形成影响其行为的内在动力，进而推动档案管理服务。新媒体传播的发展依赖于科学技术发展程度和受众的接受程度，而档案用户行为的发展依赖于档案服务利用水平的发展。

在二者的理论研究发展方面，学界针对新媒体传播的专门研究成果较多，但在档案用户行为研究领域还未形成规模研究，大部分对档案用户行为的研究都基于档案管理中的用户管理。在新媒体环境及新媒体时代的影响下，人们开始关注新媒体传播及其特性在相关领域的研究，尤其关注新媒体互动性特点对传统媒体影响等有关媒体变革的研究。1990 年就出现了有关档案用户行为规律及心理特征的研究，但后续的研究发展程度和规模不如新媒体传播的相关研究。

新媒体传播的有用性与档案用户求简、求快的行为心理的差异体现在新媒体传播的信息对档案用户由主客体诸多因素综合作用所产生的复杂心理过程不完全相同。新媒体传播互动性与档案用户具有习惯的心理行为联系密切，档案用户的心理特征具有背景匹配心理、用户体验和从众心理、需求批判心理以及价值取向心理，影响档案用户心理的内在要素与其在新媒体上是否互动既有直接联系又有诸多不可控及难确定的因素存在，档案用户利用档案的基本心理与档案用户利用档案过程中的心理是不同的，而新媒体传播的互动性是否能贯穿于档案用户行为的全过程也难以控制与评估。

## 三、档案用户行为模型下的档案服务创新路径

新媒体传播带来的变化使得越来越多的档案管理者意识到新媒体传播对于档案的意义，并以此进行了档案利用服务模式及理念的改变与创新。要将新媒体传播特性对档案用户行为的影响作为切入点，根据科学的定量研究，通过设计调查问卷、构建模型以及对数据的分析，在基于模型中相关变量的因果关系进行充分验证的基础上，在新媒体传播的大环境下，应当坚持"档为民用"的思想，基于

所构建的模型，从档案服务的理念创新、档案服务的方式创新和档案服务的技术创新三方面探讨档案服务创新路径。

## （一）档案服务的理念创新

在新媒体环境下，档案用户获取信息资源的主动性变强，以档案用户需求为中心的档案服务理念逐渐被接受。档案服务创新的首要任务是转变档案服务理念。近年来，我国档案服务从服务方式、服务能力以及服务态度上都有了很大的提高，2020年新修订的《中华人民共和国档案法》第二十八条规定："档案馆应当通过其网站或其他方式定期公布开放档案的目录，不断完善利用规则，创新服务形式，强化服务功能，提高服务水平，积极为档案的利用创造条件，简化手续，提供便利。"档案服务质量虽得到了很大的提升，但从档案用户、档案利用者的角度来看，新兴技术和信息化的发展对信息服务的方式手段提出了新的要求。目前，我国档案服务与档案用户所希望的超越时间与空间的服务还有很大的进步空间，下面基于新媒体传播的特性从档案管理者的角度分析并提出改善与提高档案服务的方法。档案用户服务的理念创新主要从推动档案服务的交互理念转变和坚持以创新驱动落实档案用户整合与共享理念两方面进行。

### 1. 推动档案服务的交互理念转变

目前，信息技术的快速发展使得我国档案馆已基本具备较为先进的硬件设备，档案的管理手段也呈现出自动化趋势。现代化的管理理念不仅意味着手段的自动化、业务的标准化，还意味着管理思想的现代化。在新媒体环境下，档案用户服务必须打破传统的档案用户服务思维模式，封闭与半封闭的档案用户服务方式显然已经不适用于当今时代。档案服务不被大众所熟悉的主要原因是它未能调动档案用户利用档案的积极性。

可以发现，新媒体传播感知有用性与用户感知价值具有较强的相关性，新媒体传播感知互动性与用户感知价值也具有较强的相关性。通过回归分析，可以证明档案用户感知价值与感知新媒体平台有用性、互动性之间具有线性关系，因此，档案用户对与档案信息的互动需求是现实存在的，而档案机构与档案管理者需要发现、引导档案用户变化的信息查阅行为。在档案服务中，应顺应档案服务的现实变化，推动档案服务的交互理念转变。

### 2. 坚持以创新驱动落实档案用户整合与共享理念

随着技术的发展，档案用户无论是使用新媒体平台搜索档案信息资源，还是使用相关的数字档案馆搜寻档案信息，各种方便快捷的信息检索工具及检索手段使得档案用户在利用档案信息资源过程中极大地发挥了其主能动性，而这种行为的本身也提高了档案信息资源利用的效率和检索的准确率。因此，这对档案管理者提出了更高的要求，落实档案用户整合和共享理念的目的在于通过即时、在线的咨询更为精准化地推送服务。从新媒体传播特性对档案用户行为的影响中可以看出，新媒体感知互动性与用户感知价值具有很强的相关性。因此，在新媒体大环境下，属于信息服务行业的档案行业，应通过落实档案用户整合和共享理念，推动档案服务不断以用户为中心。档案信息资源数字化是档案服务信息时代的主要体现。档案用户由于本身的档案需求不同，获取档案信息资源的渠道也不同，但在新媒体环境下，档案机构和档案管理者应积极地对新媒体平台加以利用，通过档案用户整合与共享理念在实际中的运用，进一步了解档案用户的信息行为，有利于提高档案服务水平。

## （二）档案服务的方式创新

档案用户行为模型的构建以具有网络特质的 AISAS 模型（一种消费者行为分析模型）和技术接受模型为基础。而含有网络特质的 AISAS 模型，表明了新媒体时代下搜索和分享的重要性，因此向档案用户单向信息灌输的方式显然已不适用于当今社会。档案用户在利用档案的全过程中产生的情感、意志直接影响其行为。随着信息技术的发展，用户感知愉悦性因素也逐渐被加入理论模型中。

因此，在新媒体传播的影响下，档案服务既需要满足档案用户的有用性、易用性需求，还需要注意通过互动让档案用户在接受服务过程中产生愉悦感，进而从方式上创新档案服务。

### 1.注重以需求为导向开展个性化服务

档案的本质特性是原始记录性。档案作为信息的承载者，从档案服务角度来看，了解用户需求并且满足其需求是十分重要的。需求是由不足感和求足感共同决定的。提升档案服务应通过个性化服务提供更有针对性的服务。档案用户为了解决实际问题，对信息的内容和服务产生了期待，表现为对信息的不足感与求足感。

在新媒体时代，档案用户的档案意识和自主能动性都有了很大的进步，其需求也呈现出多元化的趋势，这种多元化体现在档案需求主体的多元化、档案内容需求的多元化以及档案服务方式需求的多元化。与以往侧重档案管理不同，现在的档案工作重心更多侧重于档案利用服务，这一转变意味着档案管理的业务工作需要始终坚持现实或长远的档案利用服务，根据公众利用需求来组织调整档案工作，档案服务必将受到现代服务行政理念中以用户需求为导向的影响，这种进步的公共服务理念能够表现并且内化在档案人员提供服务的行为中。为满足利用者的不同需要和不同利用者的需要，要通过分析看出新媒体传播互动性与档案用户感知价值之间具有的线性关系，对档案用户行为影响较大，因此，在档案服务方式创新中应坚持以需求导向，注重个性化服务。

2. 注重档案用户新媒体工具与平台的选择

档案用户感知风险越高，其档案利用行为越消极。在新媒体传播的影响下，在档案用户信息查询行为和信息利用行为全过程中，档案信息出现的新媒体平台和平台可信性之间程度如何与档案用户感知风险具有线性关系。选择可信性高、信誉度强的新媒体工具与平台能够积极影响档案用户在利用档案全过程中产生的情感。在档案用户服务的方式创新中注重档案用户对新媒体工具与平台的选择符合档案用户求尊、求全、求准的行为心理。由于档案用户在特定的利用环境中有着特定的心理活动，在利用档案过程中还会出现如怀疑心理、轻视心理、急躁心理等障碍心理，同时在新媒体环境下，还需要从用户体验和从众心理来引导档案用户行为。在档案管理与服务的实践中，运用档案信息技术，构建利用服务新平台必定能够正向积极地影响档案用户。

3. 培育档案用户获取档案信息的能力

由于档案用户利用档案信息资源的目的不同，档案用户的需求内容也不同，所以档案用户类型及特征是不固定的，但从整体层面来看，档案用户的需求均呈现出无限性、层次性、多样性、伸缩性以及可诱导性的特征。在科学传播理论中的欠缺模型，旨在说明如果公众对某项科学活动不支持，可能是因为对相关知识不够了解。档案用户感知风险与感知可信性、依赖性之间具有线性关系，因此，在新媒体时代，档案用户服务体系还应注意培育档案用户获取档案信息的能力，利用新媒体平台，积极传播档案信息内容。常与档案或档案机构接触的档案用户在利用档案过程中往往表现得更为自在和从容，而很少接触档案的档案用户在利用档案的过程中，其往往表现出畏惧心理；对档案馆藏及档案信息资源熟悉的档案用户更容易表现出方便易用的心理，缺乏档案获取能力的档案用户更易表现出焦虑、需求依赖、求助心理。

### （三）档案服务的技术创新

随着科学技术的发展，档案机构逐渐将网络技术应用于档案服务工作中，开展了档案检索目录体系和档案远程服务等，档案机构应基于网络平台积极探索档案在线提供利用服务的方法，不断完善档案数据库的数据采集，以便为档案用户提供更好的体验，这能够提高档案用户的依赖性。

1. 完善档案用户的支持系统及信息库

提高档案透明度，完善档案用户的支持系统及信息是十分重要的。如今网站系统信息内容之间的连接更为紧密，系统及信息库建立的信息之间能够相互交织、相互关联。档案用户感知风险与感知新媒体平台依赖性之间具有线性关系，根据模型结果分析可知，档案用户对新媒体传播的档案信息感知风险越高，其心理行为特征越消极。在新媒体时代，为了降低档案用户感知风险，越来越多的档案机构开办了官方公众号，更为立体化的档案信息网络系统和信息库的建立意味着能够将网站中海量的档案信息编制成有机的整体，对于档案用户而言就能够更为便利地搜寻所需的档案信息。档案用户服务应着重在档案目录检索和档案数据库两方面进行完善和创新，使档案用户在检索过程中能够切实地感受到检索方便、速度提升以及更高的检全率和检准率。感知可信性与档案用户感知风险具有负相关性，借助可信性高的新媒体平台、完善相关的支持系统和信息库，不仅能够促使已经或正在利用档案信息的现实档案用户更有用户黏性，还能够利用档案用户需求的可诱导性吸引虽有档案利用需求，但由于自身条件限制与其他外在因素的影响还未显示档案利用需求的潜在档案用户。档案馆每天能够接待的档案利用者数量有限，但网上利用者却可以不受时间、空间的限制随时查询档案信息，新技术的发展必定会带来服务方式的转变，向虚拟方式转变的档案信息服务需要不断完善发展的网站建设为支撑。

2. 完善档案用户分级管理体系

在新媒体环境下，通过利用新媒体优势，能够吸引成倍增长的档案用户，档案用户产生了查询动机，继而发生档案查阅行为，为了增加档案用户黏性，档案用户服务体系应更注重服务的特色，积极完善大数据环境下系统性、人性化的档案用户分级管理体系，对实现档案价值、满足公众的信息需求具有重要作用。笔者认为，档案用户对新媒体传播的档案信息感知价值越高，越易形成档案用户查阅利用行为，正向影响档案用户行为。坚持网站优化思维，可通过构建完善的档案用户分级管理体系来实现。其能够更有效地向档案用户传递档案信息，最大限度地发挥网络传播的价值，集中提供系统、可靠、有针对性的档案信息内容服务。

3.构建档案数据资源共享空间

只有构建档案数据资源共享空间，才能更好地推动档案数据资源共享服务。档案用户查询档案信息资源时，感知互动性与感知价值的皮尔逊相关系数为0.654，新媒体传播互动性与档案用户感知价值具有强相关性。我国各级综合档案馆馆藏档案的主体主要是党政机关、国有企事业单位等机构的档案，社会公众可根据自身的需求查询利用公共档案信息资源，这是由具有公共事业属性的档案馆的公共性和共享性决定的。利用网络与信息技术实现档案的共享是档案开放利用的目的。从技术实践层面来看，构建档案数据资源共享空间，以此推动档案数据资源的共享服务需要相关技术的支持，开放档案计划（QAI）提出的开放获取元数据搜索协议为开放获取档案的实施提供了技术支持。

# 第五章　对于现代档案管理创新的思考

要想进一步开展档案信息化建设工作,需要让档案管理立足于新时代的发展,让信息技术更好地与档案管理工作进行融合，使档案信息化建设成为未来发展的新方向，要不断强化信息化管理平台建设，提升档案管理信息化服务的水平。本章为对于现代档案管理创新的思考，系统地论述了新时期档案管理的发展问题和需求、基于需求调整的档案信息化路径等内容。

## 第一节　新时期档案管理的发展问题和需求

### 一、档案管理信息化建设的问题

如今，随着社会的发展与科技的进步，互联网在人们的日常生活中得到了广泛的应用。就档案管理工作而言，借助于先进的互联网技术使得档案存储、收发与整理等工作效率明显提升，大大减轻了工作人员的压力。在我国，档案管理信息化建设工作起步相对较晚，但在先进的信息技术的支持下，一直保持着较快的发展势头。当前阶段，档案电子化发展趋势不断加快，档案存放空间得到了更大的拓展，冲破了时间与空间的限制，用户可以在短时间内迅速获得所需信息，这为用户带来了良好的使用体验。但是就当前现状而言，档案管理信息化建设存在着诸多问题，发展欠均衡，且在政策、理论及技术等方面有许多现实问题急需解决。下面，就档案管理信息化建设现存的问题展开详细探讨。

#### （一）观念陈旧

观念陈旧，缺乏全局规划，对档案信息化建设的认识程度欠深入是十分严重的一个问题。从某种角度来讲，对档案信息化的认识过程是一种思想观念转变的过程，是学会用信息化眼光来看待与分析档案管理实际问题的过程。只有在此基

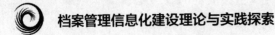 

础上，加深对档案管理信息化建设的理解与认识，才能为档案信息化建设奠定良好的基础。现如今，在信息化时代背景下，国家信息化建设程度日益加深，这也为信息化建设带来良好的发展契机。但就当前而言，一些组织和单位等在档案信息化建设工作中表现较为滞后，管理观念陈旧，思维模式落后，缺乏信息化管理意识，导致档案信息化建设受到一定的制约。对于这些组织和单位而言，要想进一步推动档案信息化建设，就必须从思想意识上加强对信息化建设的重视。

档案管理信息化是以转变观念为前提的创新性工作，因此一个单位的管理理念直接影响着本单位的档案信息化程度，对于那些习惯于传统的手工管理模式和操作方法的管理人员，即使单位建立了网络，购买了最新的软件系统，也不会改变自身传统的做法，也不会真正把管理系统用起来，而是把档案管理信息化作为一种摆设。

## （二）理论认识不够

目前在档案信息化建设的过程中，国家出台了一系列的方针政策，各地政府也出台了一系列相应的政策措施，但是在信息化的建设过程中仍然存在着许多实际问题，特别是对指导档案信息化建设理论的研究力度不够，对档案信息化建设还不能形成完整的指导体系。在档案信息化建设中虽然解决了一些实际的问题，但还存在着一些影响档案信息化建设持续发展的重大问题未完全解决，如档案信息化的标准体系、对档案信息化的一些指标体系的定位、档案信息化自身的特殊功能等。随着社会信息化建设的不断深入，一些与档案管理相近的部门取得了很好的成效，如图书情报管理工作，为档案信息化建设积累了宝贵的经验，再加上在档案信息化建设的过程中管理部门自身也积累了一些经验，这些经验为档案信息化建设理论的研究积累了宝贵的素材，但作为理论体系来指导实践还与实际需要相差甚远，只有在不断的实践中丰富已有的理论，才能对实践起到真正的科学指导作用。因此政府应加大对档案建设理论的投资力度，在人力物力上给予大力支持，为档案信息化建设理论的研究创造条件。

## （三）缺乏完善的档案管理制度体系

目前一些单位的档案管理工作最突出的问题是管理制度体系不完善，其主要原因是单位的领导层对于档案管理工作没有形成全面的认识和足够的重视，对相关工作提供的指导和支持不足。

可以说，部分单位虽然在形式上存在着一套档案管理制度体系，但由于设计不够科学合理或存在形式化等问题，落实不到位的情况依旧始终难以杜绝，导致不能对档案管理工作起到应有的作用。诸如资料随意堆放、文件遗失、分类混杂、调用外借程序不规范等，这些问题就是制度体系不够完善、流于形式所导致的。

### （四）档案管理信息化建设标准欠统一

在当前阶段，我国针对档案信息化建设已经出台了相关标准，但这并不能完全适应当前档案信息化建设科学发展的需求。在档案信息化建设进程中，要想进一步强化信息资源共享作用，就必须从多层次、多角度制定档案管理信息化建设标准，如数字档案管理软件使用标准、档案门户网站信息系统建设标准、档案数据库交互标准、纸质档案数字化应用标准等。

### （五）基础建设力度不足

档案数字化起步较晚，基础建设力度不足，基础建设发展不平衡，是我国档案信息化建设中的一个不容忽视的问题。在档案信息化建设进程中，纸质档案数字化作为基础性工作，对档案信息化建设的实现起着重要的推动作用。在具体工作实践中，档案目录数据库的建设工作难度并不大，所以对于现行管理中产生的电子文件，全文数据库管理的实现也并非难事。但是，在现实管理中，要想实现档案数字化、完成档案全文数据库的建设还存在一定难度。因纸质档案资料数量庞大，档案数字化任务十分繁重，要想达到预期目标还需大量人力、物力与财力的支持，但就当前而言，档案信息化基础建设力度相对不足，因此，档案数字化的实现还有很长一段路要走。

### （六）档案信息化建设软硬件环境建设不足

要想实现档案信息化建设，首先应具备良好的软硬件环境，以满足档案信息化建设对硬件设施与软件系统的需求，为档案信息化建设奠定良好的环境基础。但就当前而言，许多组织主体在档案管理工作中，对软硬件建设工作并未引起重视，档案管理硬件设备多由普通计算机来代替，缺乏专用服务器，也就是说档案管理机构缺乏电子文件的生产与接收设备，信息化建设进程受到严重阻碍。

软件方面主要体现在档案业务管理和档案数据采集方面。目前有些组织单位还采用纯手工的方式管理档案。虽然部分组织单位尝试利用网络版或单机版档案管理系统，但这一系统是独立存在的，并未与他们日常所用的一些管理系统、设备进行结合，且在处理手段与功能方面还处于低水平状态，扩展性不足，难以满足当前信息化发展背景下档案管理工作的实际需求。

### （七）档案管理思路和手段传统老旧

社会全面信息化发展的新形势对组织与单位等提出了一系列信息化管理的工作要求。部分规模相对较小、经费相对欠缺的单位仍然在继续使用或只能采用老旧的人工档案管理手段。而且在管理思路上，只重视保管、整理等环节，对资料利用效率的问题重视不足。在档案储存信息量不断增大的背景下，无法适应新形势下的社会生产需求，而传统的档案管理思路和手段必然会限制工作水平与效率的提升，这个问题是今后事业单位改革创新档案管理工作时必须着力解决重点之一。在信息化时代背景下，以城市建设档案管理为例，城建工程对档案信息资源的及时更新、共享、高速传递等提出了较高要求。实际上，三四线城市在大力推进城市建设工程过程中，档案的利用效率往往跟不上生产需求，主要原因是工作思路不对、非信息化的工作方式以及相应硬件配套设施的缺乏，限制了城建档案管理水平的提升，最终导致城建工作质量得不到保障。

### （八）档案信息化管理专业人才培养力度不足

可以说，日前档案管理人员的培养很多时候依旧得不到重视。在新时期下，单位肩负着许多重要的任务，单位自身的管理和发展也面临着新的形势、新的要求。一些单位虽然对档案管理工作的重要性正逐渐加深认识，并且也给予一定的人力、物力去支持相应部门的运作，但很多时候只停留在人员队伍的增加上，对档案管理人员业务能力培养的相关机制还未完善。

在档案信息化建设中，缺乏专业人才的管理，导致信息化建设处于较低水平。从专业结构方面来讲，同时掌握档案专业知识与信息技术专业技能的人才非常少，难以满足档案信息化建设对专业人才的需求。就当前而言，许多档案管理人员并非档案专业出身，在档案管理与信息化专业知识方面存在较大差距，再加上一些组织与单位等对信息化管理人才的培养力度不够，对档案信息化建设产生严重阻碍。

因此，需要重视对人才的引进，加强对既有从业人员的培养，打造业务水平过硬的档案管理队伍，这对单位的长期稳定发展具有重要意义。

### （九）档案信息安全管理问题较多

目前，信息技术飞速发展，计算机网络作为信息交换的重要手段，已经逐渐渗透至社会各个领域，而档案管理工作更是离不开计算机网络技术的支持。信息技术给档案管理工作带来便捷性的同时，也为不法分子的违规操作行为带来机会。

就现代网络而言，开放性与虚拟性特征显著，黑客或恶意软件利用网络漏洞对档案信息进行非法篡改、读取、攻击，给档案信息安全带来了严重威胁。因此，在相关的档案管理工作中，应将档案信息安全管理纳入工作重点。

网络环境下档案管理面临的安全问题应该成为被关注的重点。在信息时代背景下，实现档案信息化管理与建设是档案事业的一大发展趋势，在为档案事业发展带来重要推动力的同时，也带来了巨大的挑战。在档案部门的工作实践中，互联网技术的支持使服务水平与工作效率均得以明显提升。但网络共享性、虚拟性与开放性的特点，导致档案内部网络容易受到安全攻击，影响档案信息网络的安全运行。

1. 安全保密问题

安全保密问题是影响档案信息网络安全管理的重要因素。计算机网络是一个虚拟、开放的系统，即使用户在使用过程中采用了信息安全保密技术，如采用防火墙技术、运用物理方法隔离内外部网络、安装防毒杀毒软件等，但在黑客面前，以上这些技术显然无法阻挡网络攻击。从某种角度来讲，公共网络中的所有计算机终端均有可能被非法访问，所以档案工作人员应意识到要想保障档案信息网络的安全性，就必须做好安全保密工作。

2. 影响档案信息网络安全的因素

普遍意义上的网络安全，通常指的是网络系统中的软硬件及系统数据受到安全保护，在遭受恶意攻击或发生偶然事件时，网络数据不会被更改或破坏，网络信息不会发生泄露，信息系统仍然可以正常、稳定运行。但是，在当前的网络环境下，网络系统硬件被损坏、系统软件漏洞、黑客攻击、计算机病毒等诸多问题仍然会时常发生，这一系列问题的存在对网络安全产生着直接的威胁。下面进行具体分析。

（1）档案信息网络设备的物理安全

要想保证计算机网络系统的安全运行，首先就需要保障档案信息网络设备的物理安全，包括含灾难保护与区域保护的档案信息网络环境安全、含媒体自身与媒体数据的网络媒体安全以及网络设备安全（如网络设备防毁防盗、防线路截获、防电磁信息辐射泄露、防电磁干扰等）。

（2）网络内部或外部的非法访问

来自网络内部或者外部的非法访问是导致网络遭受安全攻击的主要途径，使得档案信息网络的安全遭受严重威胁。在日常工作中，用户设置的安全密码欠严谨、网络管理员在用户权限的分配中操作不规范、外部黑客的入侵等均是导致网络安全遭受威胁的重要因素。

（3）计算机病毒带来安全威胁

与单机病毒不同的是，通过网络途径传播的计算机病毒无论是在传播范围与传播速度上，还是在破坏性方面，均存在着非常大的影响力，且所有网络通道、网络终端等均可成为计算机病毒的攻击对象。

（4）备份系统相对缺乏

在信息时代背景下，档案信息化建设速度不断加快，但为了减少资金的支出，很多档案管理部门忽略了对备份系统的同步建设，这就导致在网络安全事故发生时，档案信息很难再恢复，造成严重的损失。

（5）缺乏网络安全意识

在长期的传统档案管理工作实践中，档案人员已经习惯于传统的档案原件保管模式，对馆库安全工作尤为重视，对于信息时代下的档案信息化管理工作却缺乏正确的安全意识，忽略了信息化管理中的网络安全防护。

3.走出网络安全认识误区

误区1：局域网中处于运行状态中的计算机是安全的。在通常情况下，人们认为局域网存在两种形式：第一种是由一个路由器与多个交换机连接而成的小区域网络；第二种则是通过代理服务器上网的计算机。实际上，这两种形式均存在一个网关，其中第一种形式的网关是路由器，而第二种形式的网关则是代理服务器。一般而言，网关是有相适应的防火墙与端口管理装置的。如果在长期使用时，并未对防火墙与端口管理装置进行定期设置与调整，就无法对最新计算机病毒起到防范作用。当用户在网络浏览中无意间点击了"病毒文件"，网关也难以发挥病毒防范作用。所以，人们认为的局域网中处于运行状态的计算机是安全的是一种错误想法。在使用计算机的过程中，用户必须设定安全级别，同时将杀毒软件、反间谍软件及查杀木马软件安装在计算机上，在网络浏览中应时刻谨慎点击不明文件。

误区2：处于未连接互联网状态下的计算机是安全的。当计算机未连接互联网时，安全风险确实有所降低，但这并不意味着所有处于未连接互联网状态下的计算机都是安全的。一般而言，计算机都会有对外交互的途径或通道，无论是访问网上邻居，还是使用MP3、U盘等移动存储设备，均有可能被网络病毒侵袭，进而导致整个局域网内的计算机受到安全攻击。

误区3：只要安装多个杀毒软件计算机就是安全的。从某种角度来讲，杀毒软件编程是以计算机病毒属性为依据而设计的，也就是说计算机病毒是先于杀毒软件编程而出现的。由此可知，无论何种杀毒软件在防范计算机病毒的过程中都不是万无一失的，许多木马程序是无法用杀毒软件完全查杀的，而间谍软件更是无法用普通杀毒软件来查杀的。在计算机的使用中，安装杀毒软件是为了防范病毒，而如果一台计算机安装多个杀毒软件则会带来许多问题。杀毒软件在使用中是有监控程序与反监控功能的，当用户安装的某一种杀毒软件对所有进出计算机的进程进行监控时，容易受到用户安装的其他杀毒软件的干扰，甚至会出现判断错误的现象。

误区4：定期更新系统平台就会防止病毒的产生。就计算机系统漏洞而言，从发现漏洞到漏洞补丁的修复需要12周时间，在这段时间内如果遭到黑客攻击，就会带来严重的后果。此外，在计算机的日常使用过程中，许多用户对一般性漏洞并不重视，认为只有紧急的漏洞需要即刻解决，这就为黑客带来可乘之机，使计算机系统安全受到严重威胁。

误区5：只要在线扫描提示无问题就说明计算机是安全的。在线扫描与杀毒软件的功能相类似，仅仅是起到安全防范作用，并不能阻挡所有计算机病毒的入侵。而现在许多杀毒软件自带的在线杀毒功能一般是一种营销手段，用来吸引用户购买该杀毒软件，其防病毒功能是有限的。

### （十）利用网络参与服务社会发展的能力不够

目前在全国设立档案网站的比率还很低，一些设立网站的信息也比较单薄，大多数网站还没有实现网上检索和网上服务的功能。大部分网站的服务水平还停留在提供原生目录检索阶段，能够提供检索的也是很少的一部分。档案信息化的目的是满足社会对档案信息的需求，因此档案馆所提供的信息应该是比较全面的目录数据库，它不仅包括目录信息、全文信息，还应包括知识信息等。目录信息是建立档案实体的目录数据库，建立的目录应非常详细，既要有全宗级、案卷级，还应有比较基础的文件级目录数据库，使用者从目录检索就能了解档案馆档案存储的全部情况，就能在短时间内检索到用户所需的信息资料。全文信息是档案信息数据库的核心内容，也是档案信息化建设发展的方向。知识信息是指能满足社会需求，对原始档案信息经过加工、提炼的系统信息。目前大部分档案馆、档案室所能提供的信息大多数还只是目录信息，能够提供知识信息的还很少，这必然影响到档案馆的发展进程和信息服务能力的发挥。

### （十一）档案开放鉴定工作还相对比较落后

档案信息化建设是社会信息化的重要组成部分。信息化的最终目的是以档案实体的数字化信息方式向社会提供服务，这就要求档案管理部门遵循档案开放的原则，在保护保密档案的同时，加大可开放档案的开放力度，这既是国家档案保密法的需要，也是保障公众合法需求的需要。但是目前各级档案馆的开放状况不容乐观。

造成档案开放现状差的原因是多方面的。一是对《档案法》的理解不全面，未能正确处理好保密和开放的关系，造成该开放的未开放。馆藏开放档案一般只满足于做到30年期满档案开放鉴定，没有正确理解《档案法》中规定的在不影响国家利益、商业秘密、私人隐私的原则下，科技、文化、教育等档案应及时开放。二是档案开放鉴定理论和标准的制定相对落后，特别是鉴定标准的原则性强、可操作性弱，影响了开放鉴定的进度。三是由于历史原因造成馆藏档案中待开放鉴定的工作量大，在人力和财力上也受到一定的限制。四是对档案信息化环境下档案鉴定工作中出现的新情况、新问题研究得不够，还没有找出合适的解决办法。对于在档案信息化建设中出现的问题，还需要档案工作者不断探索，找出解决问题的新路子。

## 二、我国档案信息化的应用问题

### （一）我国档案馆的常规做法

目前我国档案信息化建设，在社会信息化、国家政策的指导下健康发展，为了客观、深入地了解我国档案信息化的应用现状，下面就目前我国档案馆的常规做法做一简单介绍。

#### 1. 国家整体规划与统一领导

全国不少单位在信息化的过程中采取了由国家整体规划、统一领导、集成化应用的做法，取得了较好的效果。这些单位在信息化的过程中，把信息化作为单位信息资源的重要组成部分来实行统一管理，不仅使档案管理实现了现代化，而且解决了电子政务产生的大量电子文件的归档问题，使档案利用者在自己的职责范围内可以方便地查阅自己需要的信息，实现了电子文件从生成到检索的一条龙管理过程，即生成、处理、收集、整理、移交、归档、档案管理检索利用。在档案信息化的过程中运用这种管理方法取得了显著的效果。具体的做法是：在本部门主管的范围内，从实际出发，立足现实需求，确立项目的管理目标和实施标准；

在技术路线上从本部门实际出发，确立了适合本部门发展的可行方案，这样既使本部门的发展少走弯路，也大大减少了不必要的经费开支。事实证明，只有采取科学有效的实施方法，开展符合实际业务需要的信息化建设工作，档案管理的信息化系统才能取得最佳的成效。

2. 全面与重点并进

全面开展、重点建设、落实到位是我国档案信息化应用的特点。随着社会电子政务业务的不断开展，一些比较大的档案馆接收的电子档案无论种类还是数量都在不断增多，档案管理的业务也越来越复杂，在这种新的应用方式下，对一些使用率比较高、保存难度大的档案采取重点突破，加强落实的做法取得了非常好的效果。例如，有一个市级地方档案馆在编制整体信息化建设战略与规划的基础上，采取了收集、编目、整理、加工转化、保管、利用的业务流程，开发和实施支持档案业务的管理系统，在技术上采取了本单位自主研发和"外包"实施相结合的技术路线，充分发挥档案自身的独特优势，使系统从开发设计到目标实现都能保证信息的畅通，先后成功实施了档案数字化制作系统、全文数字化信息管理系统、档案数字化应用系统、局域网站发布系统等。该管理系统在设计思路、管理流程以及应用的模式上针对性比较强，使得该系统在运用的过程中始终保持良好的运行状态，档案馆在目录编制、保管利用、对外开放等业务管理环节上实现了自动化，不但提高了档案管理的水平，也大大提高了档案的周转速度，挖掘了档案自身的独特潜质，提高了档案的服务效率，为其他档案管理部门提供了很好的借鉴。

3. 脱离实际与目标缺乏

在全国有部分档案馆（室）的档案管理，从档案建立目录到档案的查找利用，还完全处于手工操作的管理阶段，但先进单位的档案管理办法让人羡慕不已。于是一些单位在没有经过充分调研的情况下就选定实施先进单位的运行模式，加大投入的力度，购买比较先进的网络信息管理系统，由于前期的基础数据准备不够充分，档案管理的工作人员计算机水平较低，没有机会学习和接受培训，再加上缺乏网络化的信息管理经验，在管理的过程中形成了沉重的负担；有时即使购买了先进的管理软件，由于档案馆内部没有局域网或办公网，也使网络办公无法正常地使用，这样投入了大量的资金购买来的设备形同虚设，实际工作仍然是手工管理，其结果是造成了人力物力的巨大浪费，在一定程度上使档案管理业务人员对档案信息化建设和应用产生了抵触和反感情绪，挫伤了他们对档案信息化建设的积极性。

### 4. 需求驱动与分步实施

档案信息化建设在全局战略的基础上采用需求驱动与分步实施的策略，也是许多档案馆开展信息化建设的主要思路之一。比如某大学档案馆开展"需求驱动、分步实施"的应用策略，首先选择了业务繁忙、工作量大、档案流动性强的人事档案管理业务作为首期网络化应用的突破口，针对人事档案管理业务定制档案管理信息系统。该系统的成功实施与应用，大大提高了业务人员的工作效率和管理水平，特别是在人事库房的系统管理中，对盘点、入库及转出等流程环节，采用了无线条形码扫描技术，实现了对馆藏档案数量的准确统计、规范化管理和高效率盘点。

当人事档案管理信息系统正常运行后，各档案馆开始考虑其他档案门类如文书、科技等档案信息管理，发现各个门类的档案管理业务流程和操作功能与其有很多相似之处，只是档案管理的元数据或者著录编目的内容不一致，如果一个一个地去开发，软件管理人员将会陷入重复的劳动中，这样做的结果是：不仅工作效率低，而且系统实施运行后的工作量很大，系统升级的工作量将会更大。于是在经过详细的工作与调研之后，他们产生了一个开发通用档案管理信息系统的想法，使其能够适用于所有档案馆的管理业务和所有档案馆的档案全宗、档案门类、案卷级、文件级等各种模式的管理，并在系统升级和维护方面做到尽可能多的改动。这对软件开发人员来说，实际上是将软件开发中大量的重复性体力劳动变为脑力劳动加上编程技巧，增加了软件的附加值。在周密的系统设计和严谨的软件开发之后，各档案馆又开发了一个较为统一的档案管理信息系统，并应用于档案馆内的各部门，取得了良好的运行效果。

### 5. 应付检查与虚假摆设

有一些档案馆为了达标应付上级检查，不加选择地购买某一品牌的档案管理信息系统，但只录入很少的数据，实际工作依然是手工管理。有的是业务并不多，完全靠手工管理就能满足工作的需要；有的是想使用计算机，没有机会学习和接受培训；有的则是购买了上级指定的软件而自己又不使用，总之造成了投资上的浪费，甚至在一定程度上使档案管理人员对档案信息化建设和应用产生了抵触和反感情绪。

### 6. 闭馆自守和维持原状

有一些地市档案馆（室）把自己置身于当前档案信息化发展的大环境之外，固执地认为档案馆就是储存档案的仓库，用传统的手工操作同样可以进行档案管理，没有必要购买先进的办公设备和应用软件，不愿意也没有必要进行改进，更不用说给档案管理工作人员提供走出去学习经验，加强与外界沟通交流的机会。造成这种局面的原因有很多，除了单位领导不重视，没有把档案管理纳入本单位工作的议事日程上以外，本单位的一些客观因素也使档案信息化建设无法正常进行。

### （二）我国档案信息化的应用现状

关于我国档案信息化的应用现状，可以从以下几方面加以概括。

#### 1. 对档案信息化的认识程度不同

一个单位领导和工作人员对信息化的认知程度，直接影响着本单位信息化的开展程度和信息化的应用现状。其主要表现为以下几种。

①满足于现有的手工管理方式，认为本单位的档案不是很多，用传统的手工管理就很得心应手，对现代化管理和信息化应用知识的了解很少，从内心没有想了解，更不想深入地学习，甚至认为采用计算机管理会导致管理人员减少，自己也会面临下岗的威胁，也就是说从根本上对现代化管理有排斥情绪。

②对信息化没有足够的认识，简单地认为信息化就是增加计算机，把档案目录的一些数据输入进去，然后再把计算机连上网络，能够实现一些简单的目录查询、数据统计，根本没有考虑档案资源共享的问题；或者认为采取网上邻居的资源共享方式就已经足够了。

③使用单机版操作，采用网络化的方式实现内部资源共享的愿望比较迫切，盲目地把一些开放的档案资源放在网络上，提供检索和利用，但不知道应该做哪些准备工作，更不知道下一步要做什么，简单地认为一套软件系统就能解决所有的问题，因此把所有的希望都寄托在信息技术人员身上。

④档案馆内部购买了设备系统，包括办公自动化、文档一体化、数字化等设备系统，但没有形成资源共享，形成了内部信息的孤立状态。

⑤网络化应用比较普遍，但只是局限于档案管理部门的局域网内，没有提供档案管理部门的网上归档以及档案利用单位或部门的网上检索与利用。

⑥还有一些档案管理部门，对档案信息化的理解程度相对深刻，一开始就表现出极大的热情，成立专门的发展机构，寻找专业的合作伙伴，聘请有关专家来做顾问；在实施的过程中，采取了全面规划、总体集成、分步实施、重点突破的指导思想，真正理解档案信息化和现代化管理的实质内涵，并按照现代管理的思想对信息化工程的进度、成本和质量严格把关，能够正确地认识信息化

过程中出现的风险，并能采取适当的措施加以回避，使档案一体化的效果达到最佳状态。

2. 开展档案信息化工作的具体方法不同

档案信息化工作的开展方式有以下几种。

①购买现成的软件，回来后主要考虑如何使用，在技术方面如系统的维护、升级等的问题主要由专业技术人员负责，或者由软件开发商进行托管。

②本部门信息化所使用的软件是由本部门自己研制开发的。这类档案馆一般来说相对技术力量比较强，可以成立自己的研发部门，这样做的优点是：在系统研发的过程中可以立足本单位的实际情况，有针对性地开发，并随着业务的逐渐开展，可以及时进行系统修改、完善更新，这样做避免了购买现成软件不切合本单位实际需要的缺点。

③本单位所使用的管理软件采取本单位立项，委托软件公司，针对本单位的业务需求和发展需要进行开发研制。这些单位一般来说都是基础条件相对较好、资金相对充足的单位。

3. 对档案信息化工作内容的理解程度不同

①认为档案信息化就是买台计算机，买一些应用软件就可以了。

②认为档案信息化只是档案部门内部的事情，不需要其他人员的参与。

③认为档案信息化就是使用计算机管理目录数据，能够在网上检索到档案的目录和数据，就实现了档案资源的共享。

④认为档案信息化就是学会使用购买的现成软件，信息化的管理理念和手工业务管理没有太大的区别。

⑤认为信息化工作是一个长期的、系统的、全方位的系统工程，需要在总体规划的基础上根据实际需要逐步开展，并逐步创造条件，提高业务管理水平，提高工作人员的整体素质，在档案管理、馆藏数字化以及电子文件归档等方面，不断探索档案管理的新思路、新模式，实现档案一体化的现代化管理，实现全馆内部信息的集成，实现档案馆与相关业务部门之间信息的集成与资源共享。

4. 对档案标准化、规范化的理解程度不同

任何档案管理信息系统的设计、开发和利用都会在不同程度上支持档案业务管理的标准和规范，如规定标准的设计字段的格式等，目前有不少的信息系统实现了流程化管理以促进档案管理业务流程的规范化操作。然而在使用过程中，有一部分档案管理的业务人员不愿意接受约束，特别是时间格式、字符数字格式等，

甚至不愿意实现流程化的管理模式，而喜欢将所用的功能模块集中到一起使用，使用的不规范性造成了业务人员很难在用户权限上进行控制，而且还会造成统计数据的不准确。

5. 对网络和信息技术的理解程度不同

不同的单位对信息技术的了解和认知程度不同。有的单位没有认识到档案管理的重要性，所以长时间内对档案的信息化建设始终处于排斥状态；有的单位虽然认识到了信息化建设的重要性，也付出了实际行动，购买了应用软件，建立了本单位的网络体系，但并没有充分地利用 IT 资源优势来更好地开展业务服务，也就失去了建立网络的意义。

另外，不同的部门对网络化资源共享的认识与了解程度也不尽相同。网络版自动化管理信息系统（AMIS）的最大优点是一次录入，多次利用。一些人错误地认为只要有了网络版系统就什么都可以用了，甚至认为，不录入基础数据也能查到相关的信息，把网络版 AMIS 当作无所不能的百宝箱，这些都是对网络化理解不深刻的具体表现。

6. 只购买软件但不购买实施和维护

网络化的档案信息系统是一个信息系统的整体，不仅包括数据库管理、网络资源管理，还包括服务器管理以及维护系统等。有些档案的使用单位虽然也购买了先进的软件，但由于不购买商家的系统实施服务，使得所购买的软件不能得到充分利用。造成这种情况的原因除了对使用服务器的了解不够、不重视外，主要的原因还是对档案信息系统的认识不全面。

7. 缺乏统一的规范和标准

从档案管理的元数据标准到数据库模型的建设，从数据字典到数据内容都缺乏统一的标准、统一的规范性管理。有的单位由于对规范化、标准化标准的认识程度不够，因此在运行的过程中动不动就删掉已经使用的数据字典，导致系统中存在大量无用的垃圾数据，或者出现一些重要的数据流失的现象，造成一些关键的数据无法查找。由于在运行过程中删除数据的随意性造成了数据库的基础数据不规范，给以后的统计工作带来了很多麻烦，使个别数据无法统计或者统计数据不准确，更不用说争取走出去与外界加强沟通与交流了。

8. 档案信息化工作没有打破行业的局限性

从服务业务的角度来看，档案管理与图书情报业务有很多的相同之处。总体来说图书在规模、数量上远远大于档案，最近几年图书情报的发展是相当快的，档案管理如果能借鉴图书情报的管理理念、方法和思路，加强与相关行业的沟通、交流和学习，那么就会大大加快档案信息化的发展进程。目前档案管理工作者还不能解放思想，打破行业的界限，取长补短，还仅仅局限于行业内部的交流上，即使开展一些培训工作也只是低层次的，没有起到多少作用。这种只局限于本行业内部的思想严重地阻碍了档案工作发展的脚步。

## 第二节　基于需求的档案信息化路径

### 一、需求分析

档案管理科学化、信息化是新时代的要求。我们在新时代对档案管理及资源开发利用的思考需要基于需求，同时要对档案信息化优化路径进行不断分析。

#### （一）档案数据量急剧增加

随着社会进入信息爆炸时代，需要以档案形式保存的信息数据量呈几何式增长，仅依赖传统的纸质档案管理方法已不能很好地适应现代社会信息化发展的需要，不能准确、高效地为各行各业经营决策、科技研发等提供参考。另外，当前档案数据、载体呈现多元化特点，各个行业在进行信息化管理的过程中产生了大量各式各样的电子数据，而如何从分散的、价值密度低的档案文件中快速检索，实现价值的提纯，仅仅依靠传统的方法是无法实现的。因此，为了进一步发挥档案数据信息的辅助作用，探索信息化档案管理方法是新时代的重要课题。

#### （二）传统档案资源管理已难以满足新时代需求

纸质档案是传统档案的主要载体，其管理环节包括将原始资料收集整理，由档案专业人士鉴定是否具有保存价值，再对具有保存价值的档案进行系统存放和安全保护，最后供有需要的人查询、进行再利用等。可见，传统档案管理呈现碎片化、分散化、管理耗时费力的特点，已无法与新时代不断加快的工作节奏相适应，无法满足人们对档案信息资源及时、高效、集成、共享的工作需求。人们急需现代化、信息化的档案管理模式，以求达到高效整合档案信息、分析应用海量数据从而实现资源共享的目的。

#### （三）办公自动化环境的客观要求

OA 系统的应用逐渐取代了传统的手工填写、记录的办公方式。数字化、信息化技术被广泛应用于实现 OA 系统与档案系统的对接工作之中，实现电子文件的自动归档；同时形成从档案数据信息实时传递、存储收集、分析处理到整合的动态工作模式，使得档案工作效率和质量得到大大提高。这客观上要求改变传统档案管理方式，推行信息化管理。

## 二、需求调研

需求调研的主要内容包括对档案馆内部的信息化应用现状、管理方式、组织以及档案工作者和档案利用者对目标系统的调研，并通过分析获得档案馆对信息系统的运行结构、功能结构、数据处理、系统使用等方面的要求。这里构建的档案管理信息系统是为支持档案的收、管、用工作而开展的，不包括档案馆内部事务性的办公处理业务，因此需求调研内容不包括档案馆内部的办公机构及其与其他部门的业务流程。

应从档案管理的实际应用出发，提出在设计档案管理信息系统模型时需考虑的管理功能需求，并对这些管理功能需求进行适当的分析。

①对归档环节的功能需求：在归档时需要有相应的接口系统和应用平台，将分散在各自业务系统中的电子信息及文档无障碍地转化为档案系统中的电子档案。

②应用环节的功能需求：需要有大量的计算机，并借助网络化存储设备和手段，将大量的电子档案进行科学的归类、组织、存储、保管和提供利用，从而实现文档一体化和馆藏档案的数字化。

③信息系统的外部环境要求：灵活支持档案业务区别引起的系统流程、功能、数据结构的变动。

④整理分类环节的管理需求：需要满足不同单位和部门的业务分类规范，灵活支持按业务性质、业务单位、时间段及其他各种形式分类的方法。

⑤存储环节的综合管理需求：要求档案管理系统既要适应传统纸质档案的管理模式，又要适应现代电子文档的管理模式。

⑥信息安全管理的要求：加强基础软硬件环境和系统应用环境两个环节的信息安全建设，切实保护信息资源的安全，防止入侵事件的发生。

### （一）机构设立与岗位职责的分析

在档案管理工作中，档案馆通常设立档案的收集、整理、编目、保管、编研、鉴定、保护以及档案的微缩处理、数字化处理和提供利用等部门，同时为了开展现代化管理，提高档案资源的利用率，建立和维护档案馆内部的信息系统，一些档案馆也设立了计算机及信息系统管理部门，通常称为信息中心。开展对档案馆组织机构与岗位职责的调研与分析，主要是为了弄清楚档案馆内部设置的这些机构的功能及这些机构中每位成员肩负的主要职责，并结合信息系统的建设分析哪些机构、哪些岗位与档案管理业务密切相关，而且需要采用计算机技术来辅助开展工作。

不同级别、不同规模的档案馆的机构设置不完全一样。有些是按照传统的档案部门进行组织的分类，有些是按照档案信息的处理流程设置收集、指导、利用等部门，有些根据档案馆工作量的大小设置工作内容更细的整理、编目等部门，还有些将几个部门进行合并组成一个综合部门。正是由于各档案馆在机构设置上存在差异，AMIS 供应商也会根据他们对档案馆的初步了解，结合其长期以来的实践经验，制定调研提纲并提前发给档案馆。因此作为档案馆的工作人员，应积极地配合明确本部门、本岗位的具体工作内容，必要时需要深入思考，挖掘潜在的需求，提出更深层次的应用需求。

档案管理信息系统是按照档案信息的处理流程来辅助档案工作者开展工作的，好的 AMIS 往往是经过流程优化设计而实现的。因此对于组织机构和岗位职责的调研不仅仅是弄清楚档案馆的部门设置，更重要的是可能会涉及业务流程等的重组，甚至部门、岗位的合并与拆分。这一点必须得到档案馆工作人员的高度重视，才能得到准确的调研结果，确保档案信息系统工作的开展。

### （二）业务范围与工作流程的分析

档案馆是通过档案的收集、保管、提供利用来开展工作的。虽然各级各类档案馆的部门设置不完全相同，但信息系统能够支持档案馆开展的各项业务活动及工作流程的主体业务是相似的。围绕收、管、用三项核心业务，我们可以得出以下结论：

①档案接收是档案馆面向档案形成单位开展的主要工作，也是档案保管的第一步工作，它是档案信息资源不断丰富和积累的源泉。档案接收工作的目的是将新接收的档案按照档案管理的要求纳入档案管理环节中，不仅要对档案实物进行整理、分类，同时还要进行编目、标引，形成管理档案的目录信息。当档案收集工作经审核合格后，就可以提交入库使档案进入保管阶段。在规模较大的档案馆，档案的接收量比较大，往往设置多个部门、多个岗位共同完成任务，因此常常需要做更细的分工。这些分工的方式直接关系到 AMIS 的流程设置和功能部署的方

案，因此在进行需求调研的过程中，需要将开展档案接收工作的各部门以及各部门的业务流程、任务分工分析清楚。

②档案的保管工作。档案接收完毕被提交入库，也就开始了档案保管工作：接收待入库的档案，将档案实物归档入库、上架保管，完成档案在库房的全过程管理工作；并根据档案在库房的保管状况、档案永久保存和提供服务利用的要求，来确定档案保管期间是否需要做缩微化、数字化以及库房转移、档案鉴定、档案保护等多种处理工作。

这些工作都会使档案的目录信息、载体形式、提供利用的方式发生变化，而这些处理业务往往属于独立的过程。因此在进行需求调研时一定要弄清楚这些独立开展的业务是如何围绕档案管理的主体流程而开展工作的，形成的档案信息是如何实现综合管理和信息共享的。

③档案利用是保管档案的根本目的。根据档案保管的特点和提供档案服务的要求，可以将档案分为开放和不开放两类。开放的档案需要面向社会公众提供利用和服务，不开放的档案则需要根据其密级加以区分，保密的档案不能上网，必须实行物理隔离。因此从档案管理的具体要求出发，档案利用工作中涉及的档案信息必须针对不同的提供服务利用要求设置专门的处理程序，这期间数据的迁移、数据的转换、数据更新服务等后期的程序是非常必要的。在调研过程中，必须弄清楚档案馆在提供利用方面的各项要求，并根据档案馆的软硬件设备的实施方案开展详细的需求分析，确定信息技术的部署和应用方案。

④档案目录全过程的管理需求。从利用信息系统实现档案管理的集成理念出发，要求从档案收集开始形成的档案目录信息到档案保管和提供利用的全过程能够实现共享，按照工作流程进行全过程的记录和跟踪。原则上，一个活动中记录的信息应用其原始性的记载，不能够被其他后续的过程修改，但可以根据需要进行浏览。如果后续过程需要对前一个活动中的目录信息进行变更，那么需要相应记录责任链相关信息，以确保在管理过程中档案目录信息维护的完整性。

⑤档案原件的原始性。档案的凭证性和历史性要求档案内容在管理过程中不可被修改。档案馆可以根据需要做微缩处理、保护处理、数字化处理、数字前处理等，保证原件真实、完整和有效。要防止网络上的恶意篡改行为，同时也需要防止内部有意或无意的误操作现象的发生。

本阶段需求调研的目的是将档案馆现有业务流程和业务活动内容搞清楚，确定信息系统的工作流程、功能模块和每个模块应具备的操作功能及信息系统的功能结构；并结合每个部门、每个岗位的职责要求，确定信息系统的功能方案、用户的角色以及每个用户能够操作的功能和数量权限。

### （三）馆藏资源的组织与管理方式的分析

档案资源的组织与管理体现了档案馆管理档案的主要思路。为了确定档案管理信息系统的总体架构，必须对档案馆的资源进行全面的调研和分析。其主要内容如下。

①档案的馆藏数量，馆藏档案的载体类型及所占的比例，年递增速度。

②库房的分布结构，库房中档案的排列方式。

③档案资源管理的分工方式。

根据这些调研内容，可以确定档案管理信息系统的子系统的划分原则，确定数据库信息模型的设计方案，确定档案信息在管理过程中的呈现与要求。这些都是构建整个信息系统之前必须了解、分析和确定的重要内容。

## 三、优化路径

需求分析与调研完成后需要进行系统的设计，确定系统的建设方案，主要结合系统的结构体系、功能模型、信息模型和用户模型等方面开展工作。

### （一）系统结构体系的确定

目前各组织、单位在机构设置、分工方式、资源组织等方面都保留各自的特点。在档案管理信息系统的建设中，如果每个组织、单位都按照传统的信息系统建设方式进行个性化的定制与开发，势必会造成投资上的浪费、系统开发上的低层次重复，这不仅给组织、单位造成损失，还会影响整个行业的信息化发展速度。因此需要针对 21 世纪我国档案行业的整体工作要求，确定一种灵活的能够适应各组织、单位管理与变革要求的信息系统及其运行结构，以适应各级各类档案管理工作的需要。

①网络服务：提供网络传输、网络管理、系统管理等基本运行环境的基础服务，主要方式是购买软件产品进行安装、调试、实施和策略配置。

②交换服务：通过定义标准的档案数据和元数据存储格式，采用数据库索引、检索和交换标准等方式实现对异构数据的转换和装载服务等功能。

③配置服务：根据用人单位的业务来实现档案管理信息系统的客户化配置，包括档案门类、档案系统功能模块、档案数据库结构、档案元数据属性和存储格式等基本内容的管理与部署。

④数据服务：目录数据库和数据仓库等多种存储模式的档案数据及多种存储模式的档案数据的集成化管理等，其内容和功能取决于系统应用单位的业务数据模型和所选用的数据库管理系统。

⑤应用服务：提供数据交换、系统定义、基础信息、业务全过程的管理、对外服务及辅助决策等功能模式，实现档案的现代化管理。

⑥安全服务：按档案业务和职能角色分配用户的功能操作权限和数据操作权限，通过身份认证提供应用系统的安全管理和控制。

⑦用户服务：将用户分为局域网用户、档案专网用户以及全球互联网用户三大类，每类用户系统采用不同的入口方式，以保证整个系统的安全管理和防护。

## （二）系统功能结构的确定

### 1. 系统功能结构

现代档案业务模式的变化和智能的拓展对管理信息系统的设计与实现提出了新的功能要求。整个系统能够支持网络环境下集成运行的档案系统的功能结构。整个系统的结构如下。

（1）网络数据库管理系统

网络数据库管理系统管理系统是支撑整个系统实现集成化运行的基础保障，主要功能是安装和配置网络环境、操作系统环境以及数据库管理系统的基本内容。

（2）数据交换子系统

数据交换子系统是档案形成部门使用的现行业务系统与档案管理部门之间信息集成和数据交换的基础平台。其主要功能是通过定义统一的档案数据格式并实现对文本、图像、图形、视频、音频以及数据库等各种数据的档案格式转换，并加载到档案数据库中。

（3）系统定义子系统

系统定义子系统的主要功能包括定义系统的参考模型、定义档案门类以及档案库结构、定义档案元数据属性及其之间的关联模型，实现对各门类档案系统的功能模块、立卷单位、打印格式、数据和原文存储等方面的设置和管理。该子系统的操作完全基于用户单位的实际需要进行动态的调整。

（4）基础信息管理子系统

基础信息管理子系统主要包括系统模块管理、归档单位信息管理、档案实体分类管理、系统字典管理、用户基本信息及用户权限管理等基础模块维护，这些模块的维护为各门类档案的正常运行提供基础数据。

（5）档案业务子系统管理功能

档案业务子系统管理功能包括了档案的立卷、移交审核、档案入库、库房管理、到期鉴定、开放设置、档案处理、档案盘点等档案业务的全过程。它是整个档案业务的核心功能。

（6）对外服务管理子系统的功能

对外服务管理子系统的功能包括借阅归还、编演利用、检索查询等提供服务利用的基本功能，它是档案对外开放的窗口，也是档案价值得以体现的现代化应用模式。

（7）辅助决策子系统

辅助决策子系统是基于数据仓库、数据挖掘和知识管理等技术而实现的包括综合检索、统计、分析、预测、报警、预警等功能在内的辅助支持系统，它不仅能为档案管理的各级领导提供辅助决策支持，而且能够为相关单位的各级领导提供辅助决策信息。

2. 系统功能模块与功能组件的确定

网络环境下的档案管理信息系统的概念已经不是一个简单的文件概念，也不是管理档案的简单的局域网运行系统，它是一个跨地域、跨平台、跨系统的集成运行、统一管理、分布式数据存储的广域网环境下全新模式的应用系统，在技术上应该具有更高的要求，主要包括以下几方面。

①支持多类型的用户的访问：无论是局域网、专用网还是互联网上的各类用户，都可以采用客户服务器、浏览服务器两种应用模式来实现对系统数据和信息的访问，方便用户的使用。

②灵活配置型的特点：系统用"软总线"设计思路，实现即插即用软件功能和灵活配置功能，既保证了系统的灵活性，又保证了系统的可扩充性。

③应用环境的广泛适应性：系统通过提供客户端／服务器（C/S）和浏览器／服务器（B/S）两种访问模式，可以使用不同的应用环境，无论是在单机环境下，还是在局域网的环境下或广域网的环境下都可以安装运行。

④档案数据库的灵活构建：不同的档案馆其档案的分类方案有所不同，其档案信息的元数据格式和名称也不尽相同，系统提供灵活的、能够根据用户需要扩建档案信息的数据库功能，并实现对存储在数据库中的数据的灵活访问和管理。

⑤数据级用户权限的管理特点：根据档案业务管理岗位的不同和档案利用者

检索范围的不同，建立多用户权限管理机制，使不同的用户只能看到或操作权限范围内的档案数据和信息。

⑥跨库检索：系统除实现分类检索的功能外，还可以提供跨库检索的功能，即当用户不确定所用检索的信息存放在哪个数据库中时，可以采用系统提供的跨库检索功能，方便找到相关信息。

### （三）系统整合方案的确定

档案单位在开展信息化建设的过程中，一般是分阶段进行实施和完善的。由于种种原因，难免会形成信息的孤岛，使得内部各部门之间的信息不能共享，信息系统也由于分先后实施，存在出现异构平台、异构系统的问题。对于已经形成信息孤岛的档案馆，在进一步开展信息化建设时一般会采取两种做法：一种是整合现有的软硬件资源，重新设计一个更长远的设计方案，采取这种方案的原因是现有的系统已经很难适应业务发展的需要；另一种是在现有的系统基础上，采取打补丁的方式，以达成预期的目标。无论哪种方式，都需要解决系统的整合和数据的整合问题。

数据整合的主要目的是实现档案信息资源的共享。因此档案馆应根据档案管理的需要制定档案数据规范，并将现有的数据按照此格式规范进行统一的整理，并以统一的方式进行管理。特别是档案馆内部既有纸质档案的数据信息又有新接收的电子文件的信息，同时还有进行微缩处理、数字化处理获得的各种信息，在档案馆统一管理的指导下，这些数据都需要实现共享，以便提高管理效率。

系统的整合是指在系统的档案馆内部实现异构的硬件服务级平台、异构操作系统、异构数据库系统和异构信息系统之间的整合，采取统一的门户网站，面向用户提供各种信息服务。主要的实现方案是利用光网络、硬件、操作系统和数据库提供的各种标准开发的接口系统，完成系统的整合。但往往开展的系统整合工作量比开发信息系统还要费时、费力，主要原因是以前开发的系统缺乏源程序代码，即便是有，以前参与开发的人员也不一定能参与如今系统的开发工作。因此在初始建设系统时，不要人为制造异构平台。

### （四）信息安全管理方案的确定

"三分技术，七分管理"已经成为信息安全领域的共识。无论采用的设备功能有多么强大，应用软件的防病毒系统有多先进，如果人的观念不改变，管理跟不上，操作系统不升级，病毒库不升级，或者升级不彻底，防火墙策略不改变，就等于没有实施安全措施，结果只能造成投资上的浪费。档案信息管理方案实施应用的经验也正说明了这一点，信息安全保障需要考虑管理制度、人员素质、业务能力、技术水平和监督控制等多项措施的有机结合，才能保证信息系统的及时性、完整性、可靠性、保密性和隐蔽性，并能在受到攻击之后及时有效地恢复这种服务。如今信息安全已不再局限于对信息自身的保护，而是需要提高人们对信息的内容、基础设施和信息系统的深层防御能力，它涵盖了对信息的隔离、保护、检测、反应、恢复等全范围的管理能力；同时信息安全保障也不仅仅局限于采用更先进的技术手段来保护信息及系统的抵抗能力，而是采取切实可行的安全管理策略和实施方案，具体如下。

①根据存储管理的原则，软件系统的数据应当进行备份，将备份的数据与现行运行的网络实行物理隔离，并在不同的地域分别实施安全保管。

②按照密级管理的原则，将保密数据服务实行脱机操作，其数据交换主要借助于移动硬盘、光盘等设备进行，也可以将两台服务器单独联网完成数据交换。

③按照开放管理的原则和内外区分的原则，将开放的档案数据从业务数据服务器上分离出来，单独提供对外开放。将访问用户分为专网内档案员用户、互联网上用户、档案馆内用户三大类。开放的数据服务器允许三类授权的用户进行权限内的检索和浏览，不允许做修改操作；而业务数据服务器只允许档案员用户和档案馆用户按照授权的方式进行访问，这两类用户的管理权限也是有区别的，主要通过应用程序的身份认证来控制。

④采用防火墙的访问控制原则是在网络层控制内外网之间计算机的互访，在档案专网和公网之间、档案馆局域网与档案专网之间分别设立防火墙，并建立相应的访问控制策略，以限制馆内外用户的进出访问。通过防火墙也可以将馆内局域网划分为更细的网段如开放区、业务操作区和数据服务区等，分别实施不同的安全级别管理。

⑤入侵检测原则是在系统的访问的端口和数据层上保障网络的安全，通过实施监控和分析进入馆内网络的数据包及访问方式，过滤掉可疑的有问题的数据，检测到非法入侵的用户。通常在馆内网络服务器上安装入侵检测系统或采用专用设备得以实现。

⑥馆内档案信息系统的部署策略：在档案馆内可信网络区域采用 C/S 运行模式，管理方便，运行效率高，每个用户的操作权限是根据其业务需求来制定的，

主要包括系统功能操作权限和数据操作权限两大类；档案专网内的用户可以采取 C/S 和 B/S 两种模式访问业务数据，其安全授权方式一方面通过档案馆与校园网之间的防火墙访问控制策略进行限制，另一方面通过应用程序的身份认证判断该用户是否是档案管理系统的合法用户，来限制其访问权限；互联网上的用户由于地域广，采用 B/S 的运行模式是非常合适的，其访问开放档案数据的权限也需要在管理信息系统上授权后，方可访问开放数据服务器上的数据。

⑦人工同步安全管理策略。只有通过加强个人的安全防范意识，提高馆内所有人员的安全责任感，做到从每个人到每台机器的同步安全和统一管理，才能确保整个档案信息系统的安全与可靠运行。

## 四、对于档案管理信息化的整体建议

### （一）提升工作流程的科学性与信息化水平

新时期下，组织与单位等主体的档案管理工作要充分利用好信息化科技手段。在"信息爆炸"时代背景下，档案管理工作相较以往已变得更加繁杂化和系统化。档案管理人才每天需要处理、整理的资料和信息量不断增加，同时每个流程都可能对整体的运行情况造成影响。因此，要通过引入成熟有效的信息化档案管理系统，并根据系统运行方式制定科学合理的工作流程，以提高档案管理工作的水平和效率。

### （二）推行目标化管理模式

组织、单位应以工作结果为主要导向，推行目标化管理模式。这种管理模式主要以最终的实际工作成效为导向，重点突出目标的作用及价值。作为一种现代化的管理手段，一些组织或者单位在设计档案管理工作机制时可以充分参考和适用其中的一些理念、方法。具体而言，应以既定的档案管理工作目标为指向，各项工作的开展都朝向目标迈进，尽可能将每天、每周、每月的工作计划和预期目标安排详细，并严格执行流程记录与监督。应结合单位实际情况，注重档案管理成效和结果，并据此设计科学合理的激励机制以及相应的工作绩效评价体系。

现如今，档案管理工作面临着诸多新的挑战和时代要求，应结合单位的业务特征，采取积极转变和适应的态度，创新改进工作思路与方式，提升档案管理质量，为社会发展贡献力量。

### （三）推进档案管理理念和思路的更新

要想在新时代下做好档案信息化建设，就要树立正确的理念并建立科学的思路。作为档案管理的主体，单位对新时代下档案信息的新变化要有充分的认识。一方面，要意识到档案数据的现代化、信息化的重要性，要结合本单位的档案管理情况，寻求和探索可行的档案信息化的管理方案，构建和打造与时代相符的档案信息化管理体系，依托大数据时代网络化与智能化的特征，完成对档案信息资源的全面预测，深度挖掘数据信息价值，制定明确的精细化档案管理机制。另一方面，要尝试建立全员参与模式。档案信息化管理是系统的工程，要结合业务信息化的相关部门，并利用相关软件，实现业务的有效衔接，打造符合单位档案管理应用实际的一体化的档案信息化管理模式。

### （四）注重对档案管理人员综合素质的培养

在大数据时代，档案信息化建设得到推动，档案的价值得到深度挖掘，但也对从事档案管理的工作人员提出了更高的要求。传统的档案管理多集中在纸质档案管理方面，虽然档案信息化建设在如火如荼地进行中，档案管理人员对于档案信息化的相关操作方法有所了解，但依旧无法适应新时期对档案的使用要求。为了解决和处理好这种问题，需要做好档案信息化人才的培养工作，各单位可以与相关的高校建立合作关系，完成对优质人才的定点输送，使其成为新时期人才培养的主要方式。

### （五）加强档案安全防护体系建设

纸质档案管理是部分单位（特别是行政事业单位）档案保管的主要形式，因此纸质档案与信息、电子数据档案并存的状态短时间不可能被消除。要加强档案防护体系建设，需做到以下两点。第一，要确保传统纸质档案管理安全。基层事业单位应当优化档案管理库房，不断更新档案管理设备设施，对纸质档案保管设施设备进行防霉防潮处置。在加强收集、保护纸质档案的同时，还需收集视频、音频资料等，并进一步规范档案的管理标准，不断改进管理方法，努力促进档案管理效率的有效提升。第二，要加强电子档案安全防护。在进行档案信息化的建设中，要将安全防护体系的建设作为精细化管理的一项重要任务。一方面，要做好档案信息的安全防护工作，采用加密技术、安全防护技术等，确保电子档案信息不受影响。另一方面，要设置访问权限，即赋予档案管理工作人员相应的访问权限，保证信息安全。

总的来说，保证档案技术安全，最重要的还是加强对人员的管理，应在档案管理制度下明确管理员、使用人的责任，加强监督与考核，确保管理工作安全保密，从制度上确保安全性。

### （六）要根据社会发展对档案信息化建设进行分析

档案信息化建设是依托信息技术的发展而衍生出来的成果。传统的档案管理模式已经无法满足人们的需求，所以我们想让档案管理变得更加有效的话，就要对档案进行信息化建设，利用计算机信息技术的进步与发展来彰显新时代档案信息管理的优势。在管理中，档案管理者要知道如何进行档案管理，如何进行档案管理的创新，根据信息化的发展方向，跟随时代发展的步伐，对档案进行信息化建设。

为此，要根据社会发展对档案信息化建设进行分析。档案信息化建设要适应新时代计算机技术的发展，要弄清楚新时代计算机网络信息化发展的形势，在档案管理工作中，要注意传统档案管理模式到数字信息化档案管理模式的转换。我们都知道传统纸质的档案，在查阅以及归类时，可能会比较麻烦，有很多的不足。但是在电子文件档案管理过程中，档案服务变得更加有效，对信息进行查找，或者对信息进行归类的时候会更加便捷。在传统的档案管理模式下，需要花费巨大的人力和物力，但是利用信息技术进行档案管理时，可以通过数字的智能化，减少人们在归纳时所花的时间。在查询档案的时候，传统的查询模式是去档案室对信息进行查询，在如今信息化背景下，对档案进行查询时，可以利用多种方式进行查询。比如可以利用手机客户端进行查询，还可以利用电脑进行查询，在以上查询方式下查询资料，能突破时间的限制，突破地理位置的局限。在信息化平台下，能够与更多的人共享，能够变得更加有互通性。传统的档案管理模式是人工进行管理的，管理的工作效率较低。而信息化的档案管理模式，可以通过自动化发展渠道，让档案信息服务社会化，以网络平台为背景，使档案的服务从面向小范围的人，延伸到面向全社会的人。

### （七）档案信息化建设人员需要摒弃落后的思想

新时期的档案管理工作，应该结合信息化的理念，以保证信息化建设顺利推进。有些人员在建设过程中，只满足于以往的管理模式，没有对新型管理模式进行思想上的转化，智慧档案馆无法顺利建设。档案管理者要正确认识到自身的职责。作为档案管理工作者，应该明确自己应该如何进行档案管理，如何提升信息化建设的水平。档案管理工作人员必须具备专业的素养，利用自己的专业性来开展信息化建设。只有管理人员的专业性得到一定程度的提高，在管理的过程中，遇到困难才能够及时解决。档案信息化建设管理人员可以不定时参加培训班，当自己遇到问题或者能力不足时，可以通过培训班的学习来解决自己所面对的问题。同时，相关的部门也可以组织各种交流活动，安排档案管理人员进修，重视业务之间的交流以及沟通，提升档案管理者的计算机运营水平，加强设备的管理以及维护。还要让管理人员掌握电子档案信息的采集，以及电子档案的加工处理工作，从根本上提高管理人员的专业性，建设综合型的人才队伍，让管理更加现代化，从而实现管理人员素质的提升。只有摒弃了传统档案的管理模式才能够更好地适应新时代档案管理的要求，构建档案服务管理的新格局。

# 参考文献

［1］ 王丹. 信息化时代的文书档案管理工作研究［J］. 湖北职业技术学院学报，2020，23（4）：107-109.

［2］ 郭亥. 档案管理质量提升对策研究［J］. 城建档案，2020（12）：94-95.

［3］ 谢春霞. 浅谈数字信息化时代数字档案与保密工作［J］. 云南档案，2020（12）：42-43.

［4］ 徐晓秋. 新时期档案管理信息化建设的思考［J］. 江南论坛，2020（12）：51.

［5］ 刘永刚. 大数据时代档案管理面临的困境和优化措施［J］. 兰台世界，2020（S2）：16-17.

［6］ 张静. 信息化时代办公室文书档案管理工作改革和创新［J］. 兰台世界，2020（S2）：38.

［7］ 崔红. 关于档案信息化推进情况的调研与思考：以中国铁路济南局集团有限公司为例［J］. 山东档案，2020（6）：78-79.

［8］ 薛红. 提升档案服务新质效的探索与实践［J］. 山东档案，2020（6）：80-81.

［9］ 刘作伟. 试论新时代我国国有企业档案管理特征及对策［J］. 黑龙江档案，2020（6）：66.

［10］ 黄卫东. 医院档案管理的现状及对策研究［J］. 投资与创业，2020，31（23）：138-140.

［11］ 贾玲，吴建华，陆江. 大数据视野下档案业务流程再造方法研究［J］. 档案学研究，2018（6）：90-94.

［12］ 云庭. 事业单位人事档案管理标准化、信息化的实践思考［J］. 智库时代，2019（2）：55.

［13］ 许德斌. 大数据背景下高校档案管理信息化建设研究［J］. 山东农业工程学院学报，2019（2）：48-49.

[14] 贾坤涛. 信息化时代人事档案管理模式创新路径研究 [J]. 中国管理信息化, 2019, 22（7）: 143-144.

[15] 周晓玉. 新医改形势下以干部人事档案信息化实现人力资源精细化管理 [J]. 山西医药杂志, 2019（7）: 878-879.

[16] 王洋. 基于信息化背景的文书档案管理工作创新研究 [J]. 现代商贸工业, 2019（19）: 60.

[17] 曹太刚. 基于档案管理的电子信息化管理模式建设及应用研究 [J]. 中国管理信息化, 2020, 23（4）: 195-196.

[18] 徐松. 数字时代档案数据化管理问题研究 [J]. 山西档案, 2020（2）: 142-144.

[19] 蒋爱军. 大数据时代下不动产登记档案管理信息化建设研究 [J]. 山东农业工程学院学报, 2020, 37（10）: 189-192.

[20] 张占武. 档案法修订对档案信息化的促进 [J]. 城建档案, 2020（10）: 28-30.

[21] 洪斌. 档案信息化建设与档案管理的几点思考 [J]. 黑河学刊, 2018（6）: 177-178.

[22] 唐霜. 信息化环境下档案整理理论研究 [D]. 南昌: 南昌大学, 2015.

[23] 康芳芳. 档案信息化建设现状与发展对策研究 [D]. 苏州: 苏州大学, 2007.